K.C. McKinnon

Tanz im Harvest Moon

Roman

Aus dem Amerikanischen von
Charlotte Breuer

Econ & List Taschenbuch Verlag

Veröffentlicht im Econ & List Taschenbuch Verlag 1999
Der Econ & List Taschenbuch Verlag ist ein Unternehmen der
Verlagshaus Goethestraße GmbH & Co. KG, München

First published 1997 by Doubleday, a division of Bantam
Doubleday Dell Publishing Group, Inc., New York
Titel des amerikanischen Originals: Dancing at the Harvest Moon
Aus dem Amerikanischen übersetzt von: Charlotte Breuer
Umschlagkonzept: Büro Meyer & Schmidt, München – Jorge Schmidt
Umschlaggestaltung: Costanza Puglisi
Titelabbildung: Bavaria (unten)/Tony Stone (oben)
Druck und Bindearbeiten: Ebner Ulm
Printed in Germany
ISBN 3-612-27452-X

EIN SPITZENTASCHENTUCH

Schimmernd ein Mädchen war es da,
Im Haare Apfelblütenduft,
Rief mich beim Namen und zerrann
Und blaßte hin durch lichte Luft.

William Butler Yeats

Es geschieht zumeist kurz bevor man stirbt: das ganze Leben läuft vor den eigenen Augen ab wie ein Film. Das ist die physische Art zu sterben, aber es ist nicht die einzige Art. Für manche Menschen kommt ein Tag, an dem alle Träume, die sie über die Jahre geträumt haben, alle guten Absichten, die sie je gehegt haben, sich zu einem Aufstand gegen das Leben erheben, das sie bis dahin geführt haben. Es kann in der U-Bahn passieren, am Steuer eines Autos, wenn man auf einer Brücke steht und ins Wasser schaut. Es kann sich im Waschsalon ereignen, in der Bingo-Halle, bei McDonald's. Es kann am frühen Morgen geschehen, während man eine Schüssel Haferflocken löffelt. Vielleicht ist es der Geruch, der einen an Zeiten erinnert, als man noch zu träumen wagte. Es kann auch ein alter Song sein, der einen an sein jüngeres Ich erinnert, ein wagemutiges Ich, das wie ein Schmetterling dasitzt und wartet. Wie immer es geschieht, wo immer es geschieht, wann immer es geschieht, eins ist sicher: man stirbt und wird wiedergeboren. Und genau dies ist es, was Maggie Ann McIntyre widerfuhr, als sie auf der Suche nach einer Seminararbeit in einer Kiste mit alten Erinnerungsstücken herumstöberte, einer Seminararbeit, die sie fünfundzwanzig Jahre zuvor geschrieben hatte und die den Titel trug: *»W. B. Yeats. Symbolismus, Mythologie und das Okkulte.«* Sie hatte Jennifer Fulbright, die ebenfalls eine Seminararbeit über Yeats schrieb, versprochen, daß sie in ihren Kisten auf dem Dachboden danach suchen würde. Schließlich war Jennifer ihre beste Studentin. Manchmal, wenn Maggie im Seminarraum kurz von ihrer Schreibarbeit aufschaute und sah, wie Jennifer dasaß, das Kinn in die Hand gestützt, während das Sonnenlicht auf ihrem rotbraunen Haar spielte, dann kam es ihr vor, als sähe sie ihr jüngeres Ich vor sich, die einundzwanzigjährige Studentin, die sich auf ihr Magisterexamen vorbereitet. Eine schimmernde junge Frau. Doch das war nicht sie. Das war Jennifer Fulbright, die sich dort von der Sonne bescheinen ließ, eine intelligente junge Frau, die sich ebenfalls in die poetische Welt von Yeats verliebt hatte und nun lesen wollte, was ihre Professorin über den Dichter zu sagen gehabt hatte. Also hatte Maggie ihren Vater und dessen Frau

Vivian mit ihrem Kaffee in dem kleinen Wohnzimmer allein gelassen, während ihre Koffer wie geduldige Hunde an der Haustür standen, und war auf den Dachboden gestiegen, um die Kisten mit der Aufschrift COLLEGE zu durchsuchen. Als sie den Deckel hochhob, hatte sie vorgehabt, in den vergilbten Seiten mit Arbeiten aus den Jahren 1965 bis 1969 zu blättern, ihren Jahren an der Universität in Boston. Vor dem Hauptstudium. Vor Hauptseminararbeiten und Dissertation und Ehe und zwei Kindern. Und es war dort, in der Hitze des Dachbodens, den der Sommer in einen Brutkasten verwandelte, in dem braunen viktorianischen Haus in der Beauchemin Street in Kansas City, Missouri, daß Maggie erlebte, was sie ihren Studentinnen und Studenten als eine echte Joycesche *Epiphanie* beschrieben hätte, »eine plötzliche Offenbarung der Wesenheit eines Dinges, einer Person oder einer Situation«. Sie fand die Seminararbeit über Yeats nicht. Statt dessen berührten ihre Finger, während sie in alten Examensarbeiten kramte, etwas Weiches, Seidiges, das sich auf dem Boden der Kiste verbarg: Es war ein verschlissenes Taschentuch, ein zartes Etwas mit einem weißen Spitzenkäntchen, ein Geschenk des ersten jungen Mannes, den sie je geliebt hatte, mit dem sie je geschlafen hatte, eines jungen Mannes, dessen empfindsames Herz sie gebrochen hatte. Doch obwohl sie ihn nie vergessen hatte, während die Jahre kamen und gingen, war er nie mehr gewesen als ein stiller Geist, der ihr durch den Film ihres Lebens gefolgt war, ein Geist, den sie auf diese junge, naive Weise immer noch liebte, und dennoch nicht mehr als ein Geist.

Es war wirklich nicht der passende Tag für so etwas, wo ihre Studentinnen und Studenten damit beschäftigt waren, sich auf ihr Abschlußexamen in Weltliteratur vorzubereiten. Es war kaum der passende Ort dafür, dieser stickige Dachboden, während ihr Vater und Vivian unten darauf warteten, daß sie sie zum Flughafen brachte. Aber es war der Augenblick, in dem es geschah. Sie erlebte eine echte *Epiphanie*: Sie würde zum HARVEST MOON zurückkehren, zu dem Tanzschuppen, in dem sie vor all den Jahren als Studentin gekellnert hatte. Sie würde nach Kanada fahren und nach ihrem jüngeren Ich suchen, nach der jungen Frau, die sie an Jennifer erinnerte, die junge Frau mit der wunderbaren Zukunft vor sich. Sie würde dem Geist eines jungen Mannes nachspüren, ihrer ersten großen Liebe, Robert Flaubert, der süße Robbie, ein junger Mann, von dem sie geglaubt hatte, daß sie ihn eines Tages heiraten würde, bis die Universität sie von ihm weggeführt hatte, bis die Zeit sie mit sich gerissen hatte in ein neues Leben, in das er ihr nicht folgen konnte. Sie würde zu diesem wunderschönen See in Kanada zurückkehren, an dessen Ufer das HARVEST MOON stand, wo die Eistaucher an den langen, lauen Abenden ihre Schreie ausstießen. Sie würde an den Ort zurückkehren, an dem sie den ersten großen Fehler ihres Lebens begangen hatte – sie hatte Robert Flaubert das Herz gebrochen – und vielleicht würde sie dann wissen, welches ihr nächster Schritt im Leben sein würde, sein *sollte*. Denn das, was sie lebte, war in Wahrheit kein Leben. Es war bloße Existenz.

Während der Staub von den alten Seminararbeiten in dem streifigen Sonnenlicht tanzte, atmete Maggie tief ein. Sie lauschte auf das Flattern der Vögel, die sich draußen auf der Dachrinne niederließen. Zum erstenmal seit etwa einem Jahr fühlte sie sich wieder sicher. Sie hatte das Gefühl, ihr Leben im Griff zu haben. Das Haus schien sie wie eine gute, solide Rüstung einzuhüllen und zu beschützen. Und warum auch nicht? Schließlich war dies das Haus, in das Maggie mit ihrem jungen Ehemann eingezogen war, mit Joe McIntyre, den sie 1969 an der Uni kennengelernt und 1970 geheiratet hatte. Dies war das Haus, das sie zwanzig Jahre lang vor Wind und Regen und Schnee beschützt hatte. Dies war das Haus, das sie zwei Jahrzehnte lang mit Pflanzen gefüllt hatten, mit einem halben Dutzend geliebten Haustieren, die inzwischen alle zu ihrem Schöpfer zurückgekehrt waren. Dies war das braune viktorianische Haus mit den Hortensien zu beiden Seiten der Eingangstreppe, mit den Hibiskussträuchern im Garten, ein Haus, das zwei Babys hatte kommen sehen, Babys, die es vor Winterstürmen und Gewittern und der Sommerhitze beschützt hatte, bis sie alt genug und stark genug waren, um es für immer zu verlassen und nur zu Familienfeiern und gelegentlich in den Ferien zurückzukehren. Und es war ein Haus, das miterlebt hatte, wie sie sich als Mutter und Teilzeitstudentin abgeplagt hatte, ein Haus, das Maggie beschützt hatte, während sie Abendkurse besuchte und sich schließlich, als die Kinder groß genug waren und selbst in die Schule gingen, voll auf ihr Studium konzentrierte, bis sie in Vergleichender Literaturwissenschaft promoviert hatte. Dies war das Haus, das den Mann beherbergte, den sie geheiratet hatte, das ihn an all den Abenden aufnahm, wenn er aus seiner Anwaltskanzlei nach Hause kam, müde und verschwitzt, den Kopf voll mit Präzedenzfällen und Besprechungen und der hübschen jungen Anwaltsgehilfin mit den straffen Schenkeln, die ihn schließlich davon überzeugte, daß er in ihren Armen, in ihrem Bett, in ihrem Leben noch einmal würde jung sein können. Joes *schimmernde junge Frau*. Bis zu diesem Zeitpunkt, bis vor neun Monaten, war dieses solide viktorianische Haus ein Haus gewesen, das auch Maggie beschützt hatte, das sie jeden Nachmittag erwartet hatte, wenn sie von der Drake Street in die Beauchemin Street einbog, müde von einem Tag mit Eliot und Pound und Hardy und Tolstoi und Studentinnen und Studenten, von denen die meisten sich für Worte des Herzens und der Seele kaum interessierten. Bis die junge Anwaltsgehilfin das alles geändert hatte. Bis Joe Maggie um ein Gespräch gebeten hatte in dem schönen, kleinen Wohnzimmer mit dem offenen Kamin und dem Vitrinenschrank mit den wertvollen Erstausgaben von Faulkner und Millay und Wilde. In diesem Augenblick erkannte sie an dem ernsten Ausdruck in seinem Gesicht, an den angespannten Muskeln in seinem schöngeschnittenen Gesicht, einem Gesicht, das zu sehen sie gehofft hatte, bis einer von ihnen starb und den anderen zurückließ, in diesem Augenblick erkannte sie, daß irgend etwas Schreckliches geschehen sein mußte. Möglichkeiten rasten ihr durch den Kopf, die schlimmsten für Eltern denkbaren Möglichkeiten: *Eines der Kinder ist gestorben! Ein Unfall ist passiert, und Diana oder Lucy ist tot.* Diana, die große, schlanke, die sie nach Maggies Mutter benannt hatten. Lucinda, die ernste, nachdenkliche, die nach Joe kam und den Namen seiner Mutter trug. *Diana oder Lucy ist etwas zugestoßen!* Aber das war es nicht. Die Mädchen waren in Sicherheit, in den kleinen Wohnungen, die sie sich mit anderen teilten, Diana mit dem jungen Mann, den sie Weihnachten mit nach Hause gebracht hatte, um ihn ihren Eltern vorzustellen. Er war Graphiker und arbeitete in Chicago für dieselbe Agentur wie Diana. Und Lucy, tja, Lucy würde für einen jungen Mann schwerer zu erobern sein, Lucy, die gerade ihr Hauptstudium an der Universität in Boston begonnen hatte, eine Karriere als Mikrobiologin im Visier. Ihre Mitbewohnerinnen waren ein paar fleißige Studentinnen, die Lucys Leidenschaft für Rucksackwanderungen in den Bergen teilten. Nein, die Mädchen waren Gott sei Dank in Sicherheit. Es war Maggie, die in Gefahr schwebte.

Und so hatte Maggie an jenem frühen Oktobernachmittag in dem kleinen Wohnzimmer vor dem Kaminfeuer gesessen, während die Ahornbäume in der Beauchemin Street ihr eigenes leuchtend rotes Feuer entfacht hatten, und hatte Joe zugehört, wie er das Gewebe ihres gemeinsamen Lebens aufräufelte. Ihr erster Gedanke hatte dieser jungen Frau gegolten, Bridgette Soundso. Maggie war ihr nur ein einziges Mal begegnet, als sie Joe einmal in der Kanzlei abgeholt hatte. Sie wollten Diana vom Flughafen abholen und dann gemeinsam essen gehen. Als sie sich jetzt an die Situation erinnerte, sagte sie sich, daß die Beziehung zwischen den beiden schon damals bestanden haben mußte, denn Bridgette war bei Maggies Anblick hochrot angelaufen, so rot wie die Bergahornbäume in den Vorgärten in der Beauchemin Street. Damals hatte Maggie angenommen, daß Bridgettes Erröten auf ihr plötzliches Auftauchen zurückzuführen war. Sie war in ein Telefongespräch vertieft gewesen, als Maggie das Büro betrat, und an ihrem Lachen und der Art und Weise, wie sie ihr Haar um einen ihrer schlanken Finger wickelte, war deutlich erkennbar gewesen, daß es sich nicht um ein dienstliches Gespräch gehandelt hatte. Also hatte Maggie geglaubt, Bridgette sei rot geworden, weil sie von der Frau des Chefs auf frischer Tat ertappt worden war. Rückblickend wurde ihr klar, wie ahnungslos sie gewesen war. Vielleicht hatte ihr gesunder Menschenverstand sich nicht eingeschaltet, weil Diana in einer Stunde nach Hause kommen würde, die fröhliche, geistreiche Diana, und das braune viktorianische Haus nicht mehr so leer sein würde, wie es geworden war, seit die Mädchen ausgezogen waren und Joe immer später von der Arbeit heim kam. Maggie erinnerte sich daran, wie sie gedacht hatte, daß die Schamröte Bridgette noch schöner hatte wirken lassen, die jugendliche, verheißungsvolle Röte. Als Joe ihr sagte, *Ich liebe eine andere Frau, Maggie. Es tut mir so leid. Aber ich möchte die Chance haben, einen Neuanfang zu wagen. Ich möchte die Chance haben, ein anderes Leben zu führen*, hatte sie schließlich den Blick von dem Vitrinenschrank mit Wilde und Faulkner und Millay gewandt und gefragt: »Wer ist es?« Als er antwortete »Bridgette«, mußte sie als erstes an dieses Erröten denken, das sich an jenem Nachmittag wie ein Sonnenaufgang auf Bridgettes hübschem Gesicht ausgebreitet hatte. *Morgenrot, schlecht Wetter droht.* Eine Minute lang brachte sie kein Wort heraus – war es eine Minute oder waren es Stunden oder vielleicht Tage? –, als sie dort vor dem Kaminfeuer saß. Während das Hartholz in den Flammen krachte, während die Herbstblätter ihr Feuer in der Beauchemin Street entfachten, ging es nicht länger um Bridgette. Sie hatte zu Joe aufgeblickt, zu ihrem Mann, der ein junger Jurastudent gewesen war, als sie sich im

Herbst 1969 bei dem Footballspiel kennengelernt hatten, das Boston gegen die Universität von Connecticut gewann. Sie sah Joe unverwandt an, der beinahe verlegen wirkte, wie er da vor dem Kaminsims stand. »Ich frage mich, ob du wirklich weißt, was du getan hast«, hatte sie schließlich zu ihm gesagt. Letztlich ging es gar nicht um Bridgette. Es ging nicht um eine junge, leicht zu beeindruckende Frau, die nur ein paar Jahre älter war als Lucinda. Es ging um einen Mann in den mittleren Jahren, einen Mann, der im selben Jahr fünfzig werden würde, genau wie Maggie vier Jahre später. Und es ging um einen anderen Mann, den Maggie kannte, einen jüngeren Mann. Es ging um den Jurastudenten, der so dringend eine Familie gründen wollte, daß Maggie ihr Studium abgebrochen hatte, um Kinder zu bekommen. Maggie starrte Joe eindringlich an, wartete, bis er gezwungen war, ihr in die Augen zu sehen. »Ich frage mich, ob du es je begreifen wirst«, hatte sie noch einmal gesagt. Und dann hatte sie sich noch ein Glas Sherry eingeschenkt und ein Scheit auf das Feuer gelegt und war still in dem kleinen Wohnzimmer sitzen geblieben, bis Joe die nötigsten Dinge gepackt hatte. Sie spürte seine Hand auf ihrer Schulter – als ob das ihren Schmerz lindern könnte! –, bevor er lautlos durch die Haustür schlüpfte. Sie hörte, wie er mit dem Wagen rückwärts aus der Einfahrt stieß, aus seinem Versprechen und aus ihrem Leben ausstieg. Und dann war er fort. Ein Herbstgewitter war draußen aufgekommen mit krachendem Donner und kurzen, hellen Blitzen. Maggie hatte allein in dem alten viktorianischen Haus gesessen, das sich verschlissen hatte für das Wohlergehen ihrer Familie. Sie hatte noch ein Glas Sherry getrunken und dann, als das Feuer langsam erstarb und kein anderes Geräusch mehr zu hören war als das aufgeregte Flattern der Spatzen in dem Baum vor dem Wohnzimmerfenster, waren ihr ein paar Zeilen eines Gedichtes von Keats eingefallen, das sie sehr mochte. »Und sie sind fort, ach, seit einer Ewigkeit«, sagte sie, als die Abendkühle ihr langsam in die Glieder kroch. »Diese Liebenden, fortgetragen mit dem Sturm.«

Und so kam es, daß sie fast ein Jahr später auf den Dachboden gestiegen war, um ihre große Epiphanie zu erleben. Es war ein Jahr der langen Nächte gewesen, in denen sie wachgelegen und zugesehen hatte, wie der Mond an ihrem Schlafzimmerfenster vorbeigewandert war. Ein Jahr des Lauschens auf das Rauschen des Windes in der Beauchemin Street. Ein Jahr der nicht enden wollenden Tage in Seminarräumen vor frischen, jungen Gesichtern, die über Dickens und Hardy, Emerson und Thoreau diskutierten. Ein Jahr, an dem die Kinder an Halloween an die Tür geklopft hatten, bis sie es aufgaben und davonzogen. An Thanksgiving hatte sie sich alte Monty-Python-Videos angesehen und Spaghetti gegessen und allen, die besorgt anriefen, Lügen erzählt. »Ich esse mit Anita zu Abend«, hatte sie den Mädchen gesagt. »Die Mädchen kommen über Thanksgiving nach Hause«, erklärte sie Anita. Als ihr Geburtstag Anfang Dezember kam und ihre Freundin Anita sie überredet hatte, mit ihr in dem neuen Thai-Restaurant auf dem Danner Boulevard essen zu gehen, hatte sie anschließend bis in die frühen Morgenstunden zuerst mit Diana und dann mit Lucy telefoniert, die sich nun genauso um ihre Mutter sorgten, wie Maggie sich all die Jahre um ihre Töchter gesorgt hatte. Weihnachten war es am schlimmsten gewesen, als Joe nachmittags zu Besuch gekommen war und seinen Töchtern je einen Pullover und ein Parfüm, Maggie jedoch nichts geschenkt hatte. Sie hatten das vorab am Telefon so besprochen. Sie hatten sich darauf geeinigt, kein Theater zu spielen, was ihre Beziehung anging. Und so würden sie, zum erstenmal, seit sie sich 1969 kennengelernt hatten, keine Geschenke austauschen. Maggie hatte einen kleinen künstlichen Weihnachtsbaum gekauft, obwohl die Familie früher immer und dann, nachdem die Mädchen ausgezogen waren, nur sie und Joe, eine kanadische Tanne gehabt hatte, die das ganze Haus mit dem Duft nach Wald erfüllte. Maggie hatte den kleinen künstlichen Weihnachtsbaum wegen der Mädchen gekauft, die enttäuscht gewesen wären, wenn sie auf jeglichen weihnachtlichen Schmuck verzichtet hätte. *Künstlich* entsprach der Stimmung. Es gab den Ton an. Ihre fünfundzwanzig Jahre Ehe mit Joe waren, so sah sie es jetzt, genau das gewesen: *künstlich.*

Während sie dasaß und zusah, wie Lucy und Diana ihre Geschenke auspackten und Joe mit einem Glas Wein in der Hand am Kaminsims von einem Bein auf das andere trat, mußte sie an ihre ersten Weihnachtsgeschenke denken: Er hatte ihr einen Band mit Gedichten von Robert Burns überreicht, eine Ausgabe von 1902, mit einem schönen braunen Ledereinband mit goldenen Lettern – sie stand immer noch im Vitrinenschrank –, und sie hatte ihm etwas zum Anziehen geschenkt, zwei Hemden und eine Krawatte, weil er ein paar anständige Sachen für die Universität brauchte, und ein Paar graue wollene Handschuhe für den feuchten Winter in Boston. Und dann war Weihnachten vorbei, und Joe war fort. Maggie und die Mädchen sahen sich *»It's a Wonderful Life«* an, auch wenn es das nicht war. Am Valentinstag, als sie sich absichtlich lange in der Bibliothek aufgehalten und in der Abteilung für alte Sammlungen in den Regalen mit antiquarischen Büchern geschmökert hatte, hatte sie bei ihrer Rückkehr einen Strauß Rosen vor der Haustür vorgefunden. Larry, der Florist, hatte sie dort abgelegt; er hatte eine Abmachung mit ihr: »Legen Sie sie einfach auf die Stufen«, hatte sie ihm gesagt. Joe schickte immer Rosen am Valentinstag und an ihrem Hochzeitstag. Aber sie würde nie jemandem davon erzählen, nicht den Mädchen, nicht Anita Wodehouse, die Dryden, Swift und Pope unterrichtete – die Ärmste –, niemals würde sie jemandem erzählen, daß ihr Herz beim Anblick der Rosen, die im Licht ihrer Scheinwerfer aufleuchteten, als sie in die Einfahrt einbog, höher geschlagen hatte. Rosen von Joe! Und niemals würde sie jemandem erzählen, wie endlos ihr der Weg über die betonierte Einfahrt vorgekommen war, das Klappern ihrer Absätze wie bleierne Regentropfen, als sie auf die Karte zugegangen war, die zusammen mit der roten Schleife an dem Rosenstrauß im Wind flatterte. Was würde sie tun? Wenn er ihr, wie jedes Jahr am Valentinstag, erneut seine Liebe erklärte, was würde sie sagen? Ja, komm nach Hause, dieses alte Herz wird wieder heilen. Lassen wir die Vergangenheit ruhen. Laß uns nackt die Beauchemin Street entlangrennen. Laß uns noch einmal von vorn anfangen wie ein junges Liebespaar, wild und verrückt und verschwitzt im Bett. Erinnerst du dich noch an jene heißen Nächte, als die Decken auf den Boden gerutscht und die Laken zwischen unseren Körpern verdreht waren? Laß es uns versuchen! Fangen wir noch mal von vorn an! *Für Mom. Wir lieben dich mehr denn je. Di & Lucy*, stand auf der Karte. Bevor ihr das Herz brechen konnte, bevor das Adrenalin der Enttäuschung Zeit hatte, durch ihren Körper zu schießen, hatte sie den Kopf in den Nacken geworfen und lauthals darüber gelacht, was für eine Närrin sie immer noch war. Di und Lucy. Was würde sie nur ohne die Mädchen tun? Der Märzwind brachte Joes Geburtstag, die Iden, den fünfzehnten. 1970, ein Vierteljahrhundert zuvor, hatte sie ihm Gibbons *»Aufstieg und Fall des Römi-*

schen Reiches« geschenkt, ihr erstes Geburtstagsgeschenk. Er hatte immer erklärt, daß er es eines Tages lesen würde, doch die Anforderungen des Jurastudiums schienen nie nachzulassen. Als er schließlich in seiner Heimatstadt, Kansas City, angefangen hatte, als Rechtsanwalt zu arbeiten, kam er abends erschöpft nach Hause, die Aktentasche prallvoll mit Unterlagen, die er für den nächsten Tag durcharbeiten mußte. Und so hatte statt dessen *sie* Gibbon gelesen, während die Mädchen oben in ihren Zimmern schliefen, ihre Hausaufgaben sauber in ihren Heften, während Joe in seinem Arbeitszimmer saß und die alte Standuhr im Wohnzimmer leise und stetig tickte. Allein hatte sie sich durch dreizehn Jahrhunderte menschlichen Strebens gearbeitet, von der Herrschaft Trajans und des Kaisers Antoninus Pius bis zur Eroberung Konstantinopels durch die Türken im Jahre 1453. Dreizehn Jahrhunderte allein, ohne zu ahnen, daß ihr eines Tages neun Monate ohne Joe wie eine Ewigkeit erscheinen würden. Sie hatte gelesen, daß Gibbon einmal bemerkt hatte, Geschichte sei »kaum mehr als eine Aneinanderreihung der Verbrechen, Dummheiten und Mißgeschicke der Menschheit«. Jetzt, in den Monaten, seit Joe das viktorianische Haus verlassen und in Bridgettes kleine Wohnung in der Nähe der Universität gezogen war, bis er die Eigentumswohnung gefunden und gekauft hatte, in der sie inzwischen lebten, war Maggie zu dem Schluß gekommen, daß das ganze Leben sich aus genau diesen Dingen zusammensetzte: Verbrechen, Dummheiten und Mißgeschicke. Vor allem Dummheiten. Der 6. April würde künftig als *»McIntyre gegen McIntyre«*-Tag in die Geschichte eingehen, als der Tag, an dem ihre Scheidung mit wehenden Fahnen angerückt war. Am letzten Tag im April war Dianas Geburtstag in der Windy City gekommen und gegangen, wo Diana und Adam Fessler zur Feier des Tages eine Impressionisten-Ausstellung im Chicago Institute of Art besucht und anschließend ein Abendessen mit Austern und Champagner zu sich genommen hatten. Am 5. Mai, kurz nach Mitternacht, feierte Lucy, ihre Erstgeborene, Lucinda Mary Patterson McIntyre, ihren vierundzwanzigsten Geburtstag auf einem windumtosten Berg namens Cadillac Mountain an der Küste von Maine, eine Geburtstagsparty während einer Rucksacktour. So schnell war alles geschehen. Am 20. Mai, kurz vor Semesterende, war Maggie auf den Dachboden gestiegen, um nach einer alten Seminararbeit über Yeats zu suchen, und dort war ihr bewußt geworden, daß es noch eine junge Frau gab, die alle vergessen hatten: sie.

Joe hatte sie vergessen. Die Mädchen kannten sie noch nicht einmal. Sie war Margaret Ann Patterson, die, bevor sie Joe McIntyre kennengelernt und geheiratet hatte, bevor sie die Mutter von Diana und Lucy wurde, ein Kind der sechziger Jahre gewesen war. Maggie konnte sich noch an den Tag erinnern, an dem ihr Vater frühzeitig von der Arbeit nach

Hause gekommen war und zusammen mit Mr. Giovanni, ihrem Nachbarn, eine riesige braune Kiste angeschleppt hatte. Es war die Ankunft des allmächtigen Fernsehens, dieses Gottesgeschenks an alle Baby-Boomer. Auf dieser Mattscheibe, diesem graugesichtigen Geist, der in ihr Leben eingezogen war, sollte Maggie mit fünfzehn sehen, wie John F. Kennedys Kopf von einer Kugel getroffen wurde, während Jackie in ihrem rosafarbenen, blutbespritzten Kostüm auf den Kofferraum kletterte und eine zitternde Hand nach dem Mann vom Geheimdienst ausstreckte. Später sah sie Caroline steif neben ihrer Mutter stehen, während John-John vor dem vorbeiziehenden Sarg seines Vaters salutierte. Vier Jahre später, geboren aus der Asche dieser ersten landesweit ausgestrahlten nationalen Tragödie, hatte Maggie ihre erste große Liebe kennengelernt, als sie in ihrem blauen VW-Käfer nach Kanada gefahren war, an den Kleinen Bärensee in Ontario, wo sie drei Sommer lang als Kellnerin im HARVEST MOON arbeiten würde, wo immer etwas los war und wo man die ganze Nacht hindurch tanzen konnte, wenn man Lust hatte. Eine Tante, die dort im Urlaub gewesen war, hatte ihr den Job besorgt, und im Rückblick wußte Maggie, daß jene langen, warmen Sommer, die sie im MOON gearbeitet hatte, all die Tage und Nächte, die sie mit Robbie verbracht hatte, die Voraussetzung geschaffen hatten für die Frau, die sie hätte werden können, werden sollen. Jener letzte Sommer, der Sommer 1969, als sie einundzwanzig geworden war, war der beste Sommer ihres Lebens gewesen. Und dann war sie nach Boston zurückgekehrt, um ihr Magisterexamen zu machen, hatte in den langen Nächten, in denen sie nicht schlafen konnte, Robbies Briefe wieder und wieder gelesen, hatte die Naturzeichnungen bewundert, die er jedem Brief beigelegt hatte, und darauf gewartet, seine sanfte Stimme am Telefon zu hören.

Inzwischen hatten andere Ereignisse ihrem Leben eine neue Richtung gegeben. Im Fernsehraum des Studentenwohnheims hatte Maggie jeden Abend mit ihren Kommilitoninnen vor diesem Götterboten mit dem viereckigen Gesicht auf dem Sofa gesessen und Walter Cronkite zugehört, der ihnen mit beruhigenden Worten von der Eskalation in Vietnam berichtete. Und dann, während ihres zweiten Monats an der Uni, im Oktober 1969, hatte sie erfahren müssen, daß ihr Bruder in diesem Krieg gefallen war. Douglas, »Dougie der Schreckliche«, war im Mekongdelta auf eine Mine getreten und zerfetzt worden. Ein Junge, der Tierarzt hatte werden wollen, weil er Tiere so liebte. Das hatte Maggie verändert. Das hatte den Zauber der Jugend in ihr gebrochen, endgültig. Während sie noch um ihren einzigen Bruder trauerte, war sie Joe begegnet, bei dem Footballspiel Boston gegen Connecticut, im November, Joe, der ihr Ersatzbruder wurde. Heute begriff sie es. Joe war ein Ersatz gewesen, ein willkommener Trost, der Dougie sogar ein bißchen ähnlich sah, mit seinem blonden Haar und den hellbraunen Augen, eher eine Leseratte als ein sportlicher Typ. Joe füllte die Leere in ihrem Leben, die nach Dougies Tod entstanden war. Und was war sie für Joe? Im nachhinein, mit all den Jahren, auf die sie zurückblicken konnte, wurde Maggie klar, daß sie wahrscheinlich das gewesen war, was viele zukünftige Anwälte von einer Frau erwarteten, zuverlässig, vielseitig genug, um Familie, Beruf und Ehemann unter einen Hut zu bringen, dieses triumvirale Leben, das so viele Frauen in den sechziger und siebziger Jahren zu führen lernten. Und sie war hübsch. Joe mußte das als zusätzlichen Bonus betrachtet haben. Maggie hatte noch am selben Tag ihr Hochzeitsalbum hervorgeholt, an dem Tag, als Joe seine Sachen gepackt hatte und fortgegangen war, als er in ein Leben aufgebrochen war, das aus weiteren Schnappschüssen bestehen würde, diesmal mit Bridgette. Als sie sich und Joe auf dem Foto betrachtet hatte, Joe, vollkommen Herr der Lage, einen Arm schützend um ihre Schulter gelegt, war sie tieftraurig geworden. Auf dem Foto wirkte sie eher wie sein *Eigentum* als seine Gefährtin. Komisch, was man alles sieht, wenn der Schleier der Jugend erst einmal gelüftet wurde. Sie hatten Jeans zu ihrer Hochzeit getragen und Sweatshirts mit dem Aufdruck BOSTON UNIVERSITY, die passende Kleidung für 1969. Und jetzt, fünfundzwanzig Jahre später, war sie für immer auf diesem Hochzeitsfoto gefangen, selbst nachdem ihre Scheidung längst ausgesprochen worden war, sie mit ihrem weichen, braunen Haar, das sanft ihre Schultern umspielte, mit der irischen Nase und den blauen Augen, die sie von ihrer Mutter geerbt hatte, mit diesem trotzigen Blick, der der ganzen Welt zu sagen schien, daß dies der richtige Mann für sie, das richtige Leben für sie war. Und es war auch Liebe dabeigewesen und Leidenschaft, jedenfalls in jenen frühen Jahren. Und so hatte Maggie Robert Flaubert einen letzten Brief geschrieben, kurz, freundlich, reumütig. Sie hätte ihn besser behandeln sollen, sie hätte mehr tun sollen, das wußte sie damals schon. Aber sie lebte in einem Land, das sich im Kriegszustand befand, hatte sie sich gesagt, täglich mußten Menschen Schicksalsschläge verkraften. Den Verlust eines geliebten Menschen. Einen schnellen Abschied. Wann immer sie Gelegenheit hatte, marschierte sie bei Friedensdemonstrationen mit, ein Transparent in den zitternden Händen haltend, und in jedem Soldaten, dem sie am Flughafen, in der U-Bahn, im Restaurant begegnete, sah sie Dougies Gesicht. Ihr Leben füllte sich mit Geschäftigkeit, wob sich in ein Spinnennetz ein zum Schutz gegen eine Menge Wahrheiten, denen ins Auge zu sehen sie noch nicht bereit war. Einige Monate, nachdem sie Robert Flaubert ihren feigen Brief geschrieben hatte, fand ihre Hochzeit mit Joe statt.

Nur wenige Jahre später saßen sie gemeinsam auf ihrem eigenen Sofa, in ihrem neuen Heim in der Beauchemin Street. Mit zwei Kleinkindern von zwei und drei Jahren, die durch das Zimmer tobten und die Stille zerrissen, saßen sie vor ihrem eigenen Fernseher und sahen sich stundenlang die Mitschnitte der Watergate-Anhörungen an, lauschten einem Sprecher nach dem anderen, bis schließlich ein geschlagener, in Tränen aufgelöster Richard Nixon in einen Hubschrauber stieg, der ihn aus dem Getümmel hinaushob wie Dorothy auf dem Weg nach Oz, hinauf und fort von der drohenden Amtsenthebung, von Washington, von einem Leben, das er sich für sich und Pat erträumt hatte. Und dann war es Zeit für eine weitere Tragödie in Maggies Familiengeschichte, und diese war hart, noch schwerer zu ertragen als Dougies Verlust, da sie den Tod ihrer Mutter erleben mußte, an dem Tag, als ein Junge im Teenageralter die Kontrolle über seinen schneeweißen Wäschereilieferwagen verlor und mit dem Leben ihrer Mutter kollidierte. Ihre Mutter hatte das Sterben noch mehrere Tage lang hinausgezögert, allerdings hatte Maggie das Wort *hinauszögern* immer als unpassend empfunden. Es klang so, als wäre ihre Mutter zu faul gewesen oder geistesabwesend, wie wenn sie vergessen hätte, eine Herdplatte auszuschalten. Später hatte Maggie irgendwo gelesen, daß in den Vereinigten Staaten täglich 87 000 Autos und Lastwagen in Verkehrsunfälle verwickelt werden. Am 17. Juli 1985 hatte ein siebzehnjähriger Schüler seine patriotische Pflicht erfüllt, um diese Statistik aufrechtzuerhalten. Mit dem Fuß auf dem Gaspedal, begierig, den unbeholfenen Teenagerjahren davonzufahren, hatte ein netter junger Mann die Kontrolle über seinen Wagen verloren, den Orbit seines Lebens verlassen und war in den eines anderen Menschen eingedrungen. Ein Wäschereilieferwagen und ein Chevy Vega, Baujahr '82, mit einem nach Fichtennadeln duftenden Bäumchen am Rückspiegel waren an jenem Tag zusammen mit 86 998 weiteren Fahrzeugen in die Verkehrsunfallstatistik eingegangen. Immer noch in Eile, war der junge Mann sofort gestorben; er hatte keinen Grund, seinen Tod *hinauszuzögern*. Statistisch gesehen war es so simpel. Gefühlsmäßig hatte es Maggie am Boden zerstört.

Drei Jahre später heiratete ihr Vater, zu dem sie nie ein enges Verhältnis gehabt hatte, eine sehr nette, stille Frau namens Vivian, die stets nach Flieder duftete und immer ein kleines weißes Taschentuch in ihrer Handtasche hatte. Und nun saß diese Frau in Maggies Wohnzimmer, nippte an ihrem Kaffee und wartete zusammen mit Maggies Vater darauf, zum Flughafen gebracht zu werden, während Maggie auf dem Dachboden war und in alten Kisten nach einer alten Seminararbeit suchte. Sie wußte nicht, daß Maggie das Taschentuch mit dem Spitzenkäntchen gefunden hatte – eine Kostbarkeit, die Vivian schätzen würde. Sie wußte nicht, daß Maggie eine Epiphanie gehabt hatte, dort oben in der Hitze des Dachbodens, auf dem Gipfel der Welt, als sie die Büchse der Pandora voller Erinnerungen geöffnet und Robert Flauberts Geist endlich befreit hatte. Maggie hatte ihn drei Sommer lang geliebt, als sie im HARVEST MOON gekellnert hatte. Vielleicht war er immer noch dort. Vielleicht hatte die Zeit ihn verschont. Vielleicht dröhnte im HARVEST MOON immer noch die Musik aus der alten Musikbox, während das Wasser des Kleinen Bärensees nur wenige Schritte von der Veranda entfernt das Ufer umspülte. Sie würde Robbie persönlich um Verzeihung bitten, etwas, das sie vor fünfundzwanzig Jahren schon hätte tun sollen. Vielleicht hatte er nie geheiratet. Oder vielleicht hatte er wie sie geheiratet und sich wieder scheiden lassen. Es gab zahllose Möglichkeiten, und sie hatten alle mit der Person zu tun, die sie vielleicht geworden wäre, wenn Dougie nicht in den Krieg gezogen wäre, wenn Joe in seinem Uni-Blouson nicht so vertrauenerweckend gewirkt hätte, als er auf der Zuschauertribüne unterhalb von Maggie saß und der Wind in seinen Haaren spielte. Boston hatte gewonnen, fiel ihr wieder ein, und sie mußte über die Streiche lächeln, die die Erinnerung einem spielt. Wieso erinnerte sie sich an so etwas Nebensächliches? Nach dem Spiel war sie mit Joe, der ihre Zimmergenossin kannte und zu ihnen heraufgekommen war, um sie zu begrüßen, ein Bier trinken gegangen. Joe hatte Schultern, an die sie sich anlehnen konnte, und jetzt lehnte Bridgette sich an sie und drehte Pirouetten auf ihnen.

Das ist es, was eine Epiphanie bewirken kann: sie kann einem alles aus einer anderen Perspektive zeigen. Maggie würde ein Sabbatjahr nehmen. Sie würde ihren Lebensweg neu überdenken, eine Chance, die ihre Mutter nie mehr haben würde. Eine Chance, die diesem jungen Mann verwehrt bleiben würde. Immerhin hatte sie ein Sparbuch. Und sie wußte, wie sie noch mehr Geld würde auftreiben können, durch einen Schritt, den sie schon vor Monaten hätte tun sollen, und zwar aus reinem Selbsterhaltungstrieb. Sie tat den Deckel zurück auf die Kiste mit der Aufschrift COLLEGE, die Kiste, die Robert Flauberts Liebesbriefe und das Spitzentaschentuch enthalten hatte, getränkt mit Roberts Lieblingsparfum – *Ich möchte, daß du dich sogar an meinen Geruch erinnerst* –, das er ihr an dem Tag geschenkt hatte, als er neben ihrem blauen VW gestanden und sie zum Abschied geküßt hatte.

Unten im Wohnzimmer lächelte Maggie Vivian an, die gerade dabei war, ihr gestärktes Taschentuch wieder in ihrer Handtasche zu verstauen.

»Ist das die Arbeit, nach der du gesucht hast?« fragte Vivian.

»Nein«, sagte Maggie, »das sind nur ein paar alte Briefe, die ich noch mal lesen will.« Sie legte das Bündel Briefe auf den Vitrinenschrank mit den wertvollen Erstausgaben. Auch die Briefe waren Erstausgaben. Sie nahm ihre Autoschlüssel vom Wohnzimmertisch.

»Fertig?« fragte ihr Vater und erhob sich. Er und Vivian waren drei Tage bei Maggie zu Besuch gewesen. Ihr Haus in Boston, das Haus, in dem Maggie aufgewachsen war, war so voller Erinnerungen an Dougie und ihre Mutter, daß ihr ein Besuch dort nur Schmerz bereitete.

»Fertig«, sagte Maggie. Sie suchte neben dem Sofa nach ihrer Handtasche.

»Du hast ja ganz rote Backen bekommen«, sagte Vivian. »Steht dir gut, siehst richtig gesund aus.«

Maggie lächelte. War das Bridgettes Geheimnis? Pack das Leben bei den Hörnern, bevor es dich zermalmt? War das etwas, das die hübsche Bridgette schon immer gewußt hatte?

»Ach, übrigens«, sagte Maggie, als sie bei der Tür stehenblieb, um einen der Koffer zu nehmen. »Hab ich euch schon erzählt, daß ich mich entschlossen habe, das Haus zu verkaufen?«

DIE RÜCKKEHR

30. April 1968
Little Bear Lake

Liebe Maggie,
es wird wieder Frühling. Einige der Vögel, die über den Winter nach Süden gezogen sind, kehren schon zurück. Ich glaube, sie geben uns eine zweite Chance. Hast Du sie über Boston fliegen sehen? Hast Du in der Nacht, als sie bei Mondlicht nach Norden flogen, ihr Flügelrauschen gehört? Ich kann es kaum erwarten, bis Du es ihnen gleichtust und in Deinem kleinen blauen Käfer zum Kleinen Bärensee zurückfliegst.

Es war Mitte August, die Zeit der leuchtenden Farben in Kanada, wenn die Blätter sich darauf vorbereiten, ihre Farbe zu wechseln und mit grellen Gelbtönen einen Vorgeschmack auf den nahenden Herbst geben. Die Eichhörnchen sind eifrig dabei, Nüsse zu sammeln, und die Gänse ziehen in V-Formation über den weiten Himmel, Reisende, die ihre Heimat verlassen, um den Winter in wärmeren Gefilden zu verbringen. Maggie flog diesmal den Gänsen entgegen, mit dem Flugzeug, das sie von Kansas City über den Mississippi und das flache Farmland von Indiana und Ohio trug, über den Industrieschmutz des Eriesees hinweg und dann über die westliche Spitze des Ontariosees bis nach Toronto. Es war der 29. August, unter ihr lag der Sommer im Sterben, und sie flog gegen die Zugrichtung der Gänse. Gegen die Richtung eines ganzen Lebens. Sie hatte zwei prall gefüllte Koffer und die dick mit Klebeband umwickelte Kiste mit den Büchern, ohne die sie nicht leben konnte, im Kofferraum eines Mietwagens verstaut. Vom Pearson Airport fuhr sie auf den Highway 400 in Richtung Norden und betete, daß sie den Weg zum Kleinen Bärensee finden würde, während sie die Zeichen der Zeit betrachtete, die sie in der Landschaft entdeckte, Häuser und Gebäude, die früher nicht dort gestanden hatten, sauber asphaltierte Straßen, ausufernde Einkaufszentren. Später, wenn sie sich einen Überblick verschafft haben würde, würde sie sich noch mehr Bücher nachschicken lassen, Winterkleidung, ein paar Bilder, die sie besonders mochte. Vorerst lagerten die Schätze, die einst das braune viktorianische Haus gefüllt und es zu ihrem Heim gemacht hatten, in einer Lagerhalle in Kansas City. Unter der wachsamen Aufsicht von Joe, der sich zusammen mit einem Makler um alles kümmern würde, war das viktorianische Haus jetzt wieder auf dem Markt, wartete auf neue Besitzer, die es hegen und pflegen würden. »Ich rufe dich an, sobald ein Angebot eingeht, von dem ich meine, daß wir es annehmen sollten«, hatte Joe gesagt. »Die Mädchen können mir ja dann deine Telefonnummer geben.« Maggie war davon überzeugt, daß er einen guten Preis für das Haus erzielen würde. Er war schließlich Rechtsanwalt, und fünfzig Prozent des erzielten Erlöses standen ihm zu. Die Sache war in guten Händen. In denselben Händen, die sich um Bridgette kümmerten. Und dann, wenn es vorbei war und das Haus verkauft, würde sie Joes Stimme nicht mehr hören müssen, jedenfalls lange Zeit nicht, und ihn nicht mehr sehen müssen, wie er in dem kleinen Wohnzimmer herumstand und dauernd auf die Uhr schaute, mit einem Gesicht wie die Katze, die den Kanarienvogel gefressen hat. Fast ein Jahr war vergangen, seit er ihr erklärt hatte, wie sehr sein altes Herz sich danach sehnte, noch einmal jung zu sein, wie bei so vielen Männern seiner Generation, die noch einmal jung sein wollten. Und dann drehten sie völlig durch, machten sich zum Narren für Frauen, die so alt waren wie ihre Töchter. Sollten sie nur. Sollte er nur. Den Tag, an dem ihre Silberhochzeit gewesen wäre, am 21. Juni, der Sommersonnenwende auf der nördlichen Halbkugel, hatte Maggie am Pool in ihrem Garten verbracht und Margaritas geschlürft, während alte Songs auf dem *»Oldies But Goodies«*-Sender aus dem Radio plärrten. Und so fühlte sie sich auch: alt, aber gut. Nach diesem Tag, an dem sie keinen Gedanken daran verschwendet hatte, nach roten Rosen auf ihrer Türschwelle Ausschau zu halten, nach dem Tag ihrer Silberhochzeit war ihr als einziger verdammter Jahrestag der 6. April geblieben, der Tag ihrer Scheidung 1994. Wer weiß? Vielleicht würde sie ihren Scheidungstag am Ufer des Kleinen Bärensees feiern, wo sie so viele Abende mit Robert Flaubert verbracht hatte. Sie würde auf dem kleinen Steg sitzen – falls er noch da war –, mit einer guten Flasche Rotwein, einem schönen roten Sonnenuntergang und die roten Augen der Eistaucher betrachten, die sich auf dem See treiben ließen. »Der einzige Gedenktag, der mir geblieben ist, ist der Tag meiner Scheidung«, hatte sie zu Anita gesagt, die mit ihr zusammen am Pool gesessen und Margaritas geschlürft hatte. »Und was ist mit dem 14. Juni, Flag Day?« hatte Anita träumerisch gefragt. »Wir könnten doch im Juni wieder zusammen Margaritas trinken und den Flag Day begehen.« Maggie würde sie vermissen.

Nachdem Maggie den Highway 400 verlassen hatte, wurden die Straßen schmaler, die kurvenreiche Strecke führte sie an kleinen Seen vorbei, dann wieder geradeaus durch flaches Weideland und schließlich wieder in bewaldete Hügel. Bussarde kreisten über den toten Feldern, begleitet von den Schatten ihrer breiten Flügel, die unter ihnen wie kleine schwarze Flugzeuge über die Erde huschten. In den Wäldern flogen Raben in waghalsigen Bögen über die Wipfel der Nadelbäume. Die Straßen wurden immer enger, und Maggie wurde immer ruhiger, spürte, wie die alte Welt jenseits der Grenze, wie das Herz Amerikas sich immer weiter von ihr entfernte. Zuerst sah sie das Schild, bevor das Gebäude vor ihren Augen auftauchte, ein grauer Berg aus Stein und Holz, der sich wie aus einem alten Traum erhob. THE HARVEST MOON. Es war fast auf den Tag genau ein Vierteljahrhundert her, seit sie das Haus zuletzt gesehen hatte, von warmem, gelbem Licht erleuchtet und vom Duft der Fliedersträucher umgeben, die jeden Sommer auf der Nordseite blühten, wie Vivian, die stets nach Flieder duftete. Und jetzt stand es wieder vor ihr, renovierungsbedürftig, aber immer noch bezaubernd, fast märchenhaft, mit seinem Balkon und den hohen Kaminen. Wie viele Weihnachtsfeste mit Geschenkpapier und Schleifen, wie viele glückliche Tage mit Joe und den Mädchen waren vergangen, während das Haus hier gestanden und auf sie gewartet hatte? Wie viele Kansas-City-Gewitter hatten sie überrascht? Wie viele Herbstblätter hatten sich jedes Jahr in der Beauchemin Street angehäuft? Wie viele Seminararbeiten hatte sie korrigiert? Wie oft hatte sie ihr Haar gebürstet? Wie viele Strumpfhosen gekauft? Wie viele Weihnachtskarten verschickt? In all den Jahren, in denen dieser kleine Teil der Welt am Kleinen Bärensee ohne sie ausgekommen war, nur seine eigene Zukunft vor Augen THE HARVEST MOON. BUFFET, COCKTAILS & TANZ.

In seinen besten Zeiten war das Haus, das ein reicher Holzhändler seiner Frau als Hochzeitsgeschenk hatte bauen lassen, ein Prunkstück gewesen. Aber das Paar war kinderlos gestorben, und das Haus hatte verschiedene Besitzer gehabt, bis die letzten Eigentümer im Erdgeschoß eine Bar und einen Tanzsaal eingerichtet und die doppelflügelige Eingangstür für das Publikum geöffnet hatten. Doch zu Maggies Bedauern schienen auch diese erfolgreichen Zeiten für das MOON vorüber zu sein. Die meisten Fenster waren jetzt mit Brettern zugenagelt. Ziegelsteine, die aus dem Kamin gebrochen waren, lagen auf dem Boden wie kleine Heuballen. Goldrute hatte den größten Teil des Gartens überwuchert, und wilder gelber Senf machte sich dort breit, wo früher einmal der Rasen gewesen war. Hier und da standen Bäume, die, soweit Maggie sich erinnern konnte, damals noch nicht dagewesen waren, schnellwachsende Sträucher, die den Blick auf den See teilweise verdeckten. Und die Bäume, die damals noch klein gewesen waren, waren nun fünfundzwanzig Jahre älter und wuchsen ihrer eigenen Zukunft entgegen. Die Veranda hing ein bißchen durch, hatte der Schwerkraft nachgegeben unter all den Millionen Schritten, die über sie hinweggegangen waren, darunter die von Maggie und die von Robert Flaubert. Trockene Grashalme lugten hier und dort unter der Dachkante hervor, ein Zeichen, daß Schwalben sich im MOON eingenistet hatten. Und Mäuse, dachte Maggie, wahrscheinlich waren auch Mäuse eingezogen und taten sich an Lebensmittelresten gütlich, die möglicherweise zurückgelassen worden waren. Und Eichhörnchen. Spinnen. Na ja, offenbar gab es immer noch Lebewesen, denen das alte Haus nützlich erschien.

Maggie stieg aus dem Wagen und schlug die Tür zu. In der Ferne schrie eine Krähe, und dann war wieder alles still. Erst als sie ihre Füße in Bewegung setzte, als sie ihnen befahl, sie auf die breite Eingangstür zuzutragen, merkte sie, daß ihre Augen voller Tränen waren. Wie kann die Zeit einem solche Streiche spielen? Wie kann die Zeit so grausam sein? Sie hatte sich immer vorgestellt, daß das MOON auf sie warten würde, sich in einen weichen Kokon aus Erinnerung einspinnen und *warten* würde. Und eines Tages würde sie zurückkehren, so wie jetzt, und dann würde es sie mit offenen Armen empfangen, wie eine Pionierin der kanadischen Wildnis. Aber hatte das alte Sprichwort sie nicht gelehrt, daß »die Zeit auf keinen Mann wartet«?

»Ich habe wohl geglaubt, auf eine *Frau* würde sie warten«, sagte Maggie. Sie stand jetzt auf der Veranda, fürchtete sich davor, durch das Fenster zu lugen, fürchtete, alles könnte sich lediglich als ein schöner Jugendtraum entpuppen. Keine wuchtige alte Musikbox, kein grauer offener Kamin, kein Tanzparkett, das wie ein großes gelbes Feld glänzte. Sie meinte, immer noch den Flieder zu riechen, doch Flieder blühte im Sommer, wenn die nördliche Erdhalbkugel endlich den Winter und dann die Frühlingsknospen abgeschüttelt hatte. Aber im Herbst war der Duft genauso schön, der süße Duft nach Holzfeuer, nach brennendem Bergahorn, nach dem Winter, der schon um die Ecke lauerte. Sie hatte diesen Fliederduft nur drei Sommer lang erlebt, als sie hier gekellnert und ihre freien Stunden mit Rob verbracht hatte. Drei goldene Herbste lang hatte sie die Musik des Kaminfeuers gehört, wenn sie Ende September zum Herbstball am Kleinen Bärensee hinaufgefahren war, wenn im HARVEST MOON der letzte große Ball der Saison gefeiert wurde, zur Tagundnachtgleiche, wenn der echte Herbstmond rund und voll war und orangefarben über dem kanadischen Himmel stand. Damals war ihr der aus Feldsteinen gemauerte Kamin im HARVEST MOON eher wie eine zweite Musikbox vorgekommen, so lustig hatte es geklungen, wenn das Hartholz im Feuer knackte und prasselte. Nur drei Jahre, und doch hatte sie diese Gerüche und Klänge nie vergessen, ja, sie hatten sich für immer in ihr Gedächtnis *eingebrannt*. Sie drückte ihr Gesicht gegen die Fensterscheibe, und da war es alles, die lange, geschwungene Theke, die Wände aus Pinienholz, der aus einem alten Wagenrad gebastelte Kronleuchter – wie hatten sie über diesen Kronleuchter gelacht! –, die hölzernen Tische und Stühle, die jetzt in einer Ecke gestapelt waren. Sogar die Kanupaddel, die Gil, dem Besitzer, gehört hatten, hingen immer noch über Kreuz an der Wand hinter der Theke. Es war nicht die Copacabana gewesen, aber niemand hätte sich die Copacabana am Ufer des Kleinen Bärensees gewünscht. Das hätte nur die Eistaucher verscheucht. Aber mit seinem rustikalen Flair, mit seiner riesigen Tanzfläche, seiner einladenden hufeisenförmigen Theke hatte das HARVEST MOON reich und arm, jung und alt angelockt. Er war eine Art Mutter Erde gewesen, eine Göttin der Wildnis. Wie oft hatte Maggie nach Feierabend ihr Geld gezählt und dann ihre verschwitzten Kleider gegen einen Badeanzug getauscht, um zusammen mit Robert in Gils Kanu auf den See hinauszupaddeln und zu schwimmen. Selbst um zwei Uhr morgens! Oder sie waren in Robbies Pick-up über die gewundenen Straßen durch den Wald gefahren, während ihre Lieblingslieder aus dem Radio dudelten, oder hatten nachts still in dem alten Wagen gesessen, während der Regen auf das Blechdach trommelte. Was hätte ihre Mutter in Boston zu diesen Nächten gesagt, in denen Maggie und Robert Flaubert mit einer Flasche Wein weit auf den See hinausgepaddelt waren, von wo aus sie die gelben Lichter des HARVEST MOON sehen konnten, das in der Dunkelheit aussah wie ein Raumschiff, das Mutterschiff, während sie draußen im Weltraum schaukelten, bis es Zeit wurde, zu ihm zurückzupaddeln. Das waren Maggies vergangene fünfundzwanzig Jahre gewesen: ein Schaukeln im Weltraum. Aber immerhin war sie zu ihrem Mutterschiff zurückgepaddelt, und es gab die Mädchen in ihrem Leben. Sie war nicht allein. Sie war nur ohne Partner.

Erst als sie von der Veranda stieg und wieder auf ihr Auto zuging, entdeckte Maggie das Schild. Der Wind hatte es offenbar so umgeweht, daß es jetzt zum HARVEST MOON hin ausgerichtet war anstatt zur Straße, von wo aus potentielle Käufer es sehen konnten: *Von Eigentümer zu verkaufen. Tel. 702-6642.* Lange Zeit betrachtete Maggie das Schild, während sie versuchte, die Erinnerungen der vergangenen Jahre in einen sinnvollen Zusammenhang zu bringen. Als sie im HARVEST MOON gearbeitet hatte, waren Gilbert und Maudy Clarke die Eigentümer gewesen. Damals waren sie Maggie wie »ältere Leute« vorgekommen, aber in Wirklichkeit waren sie wohl kaum älter als Ende Vierzig gewesen. Wunderbare Menschen. Zweimal hatte sie ihnen noch eine Weihnachtskarte geschickt, bis die Mädchen ihre Zeit so sehr in Anspruch genommen hatten, daß ihre Weihnachtskartenliste wie eine verwelkende Pflanze zusammengeschrumpft war. (Robert Flaubert hatte nie auf der Liste gestanden, aus Rücksicht auf Joe.) Aber Gil und Maudy – sie mußten inzwischen Mitte Siebzig sein, falls sie noch lebten. Ob ihnen der Laden immer noch gehörte? Das würde erklären, warum der Tanzschuppen geschlossen worden war. Ein Vergnügungslokal zu führen kostete viel Energie, und auch wenn Gil aus einer Familie stammte, die zähe Holzfällernaturen hervorgebracht hatte, bezweifelte Maggie, daß er in seinem Alter den wachsenden Ansprüchen der Feriengäste und den Strapazen gewachsen sein würde, die es bedeutete, stapelweise Bier- und Wodkakisten herumzuschleppen. Oder vielleicht – der Gedanke an diese Möglichkeit versetzte ihr einen Stich – lagen sie auch beide auf dem Friedhof von Little Bear Lake.

Während Maggie sich die Telefonnummer auf einem Zettel notierte, rief irgendwo vom See her ein Eistaucher. Sie blickte schnell auf und sah ihn leicht und duftig wie ein Gebilde aus Schaum auf dem Wasser dahintreiben. Die Nachmittagssonne schien ihm auf Kopf und Rücken und ließ seine Federn samten schimmern. Und dann tauchte er plötzlich, verschwand blitzschnell, und der See war wieder so glatt, als wäre der Vogel nie dagewesen.

Maggie lächelte: Sie war wieder am Kleinen Bärensee. Zumindest er war immer noch da. Was sie jetzt brauchte, war eine Dusche in dem kleinen Motel, an dem sie auf dem Weg hierher vorbeigefahren war – 1969 war es noch nicht dagewesen –, und ein warmes Abendessen. Und dann würde sie ein paar Telefonate führen müssen, um ein paar altbekannte Stimmen wieder zu hören.

Als Maggie die Einfahrt hinunterging, sah sie ein Auto um die Ecke biegen. Sie blieb stehen und wartete, während es langsam auf sie zu fuhr. Ein Gesicht erschien auf der Fahrerseite, ein weiteres auf der Beifahrerseite, in beiden, den Gesichtern einer älteren Generation, lag ein fast amüsierter Ausdruck. Vielleicht nahmen sie an, diese ahnungslose Stadtpflanze wollte im HARVEST MOON zu Abend essen. Maggie nickte zum Gruß, und das Auto fuhr an ihr vorbei. Dann leuchteten die Bremslichter auf. Kiesel knirschten, als der Wagen zurücksetzte und neben ihr anhielt. Der Fahrer lehnte sich geduldig zurück, während die Frau sich zum Fenster hinüberbeugte und zu Maggie aufschaute. Maggie betrachtete die beiden. Ihre Gesichter waren wie Stiefel, die zu viel schlechtes Wetter, zu viel Abnutzung erlebt haben.

»Wenn Sie etwas essen wollen, müssen Sie zu CINDY'S CAFE gehen, meine Liebe«, sagte Maudy. Sie deutete mit dem Finger in Richtung Fort Wallace. »Das ist das nächste Restaurant.«

»Danke«, sagte Maggie.

»Das MOON ist schon seit drei Jahren zu«, ergänzte Gil.

»Man sieht, daß es schon eine Weile geschlossen ist«, erwiderte Maggie. *Gil und Maudy Clarke!* Sie erinnerten sich nicht an Maggie, aber Maggie erinnerte sich an sie. Als sie sie zum letztenmal gesehen hatte, vor fünfundzwanzig Jahren, hatten sie schon beinahe so ausgesehen, wie sie ihr Leben lang aussehen würden. Aber als die beiden *sie* zuletzt gesehen hatten, war Maggie einundzwanzig gewesen. Ihr Gesicht hatte noch nicht die Züge aufgewiesen, die sich in den mittleren Jahren herausbilden. Ihr Gesicht war noch nicht ganz ausgeprägt gewesen.

»Der Laden hat uns mal gehört«, sagte Gil mit einem traurigen Blick zum MOON hinüber. »Aber schließlich wurde uns die Arbeit zuviel.« Maggie nickte.

Maudy starrte sie inzwischen mit wachsender Neugier an. »Sind wir uns nicht schon einmal begegnet?«

»Ja«, sagte Maggie. »Das kann man wohl sagen, Maudy. Vor vielen Jahren.«

Maudys Gesichtsausdruck wechselte von Verwirrung zu plötzlicher Erkenntnis. »Du meine Güte!« rief sie aus. »Gil, schau nur. Das ist die kleine Maggie Patterson, sie ist richtig erwachsen geworden!«

»Maggie?« sagte Gil, während er die Frau neben seinem Auto beäugte. Und dann dämmerte es auch ihm. »Bist du inzwischen geschickter geworden im Balancieren von Tabletts mit Bier?« fragte er grinsend.

Auch Maggie grinste. »Nicht viel«, sagte sie.

»Es muß etwas in der Luft liegen«, sagte Maudy, als sie ihre Hand an Gil vorbei ausstreckte, um Maggie die Hand zu drücken. »Rate mal, wer aus Toronto zurückgekehrt ist.«

Maggie spürte, wie ihr Herz einen kleinen Satz machte. War Robert Flaubert vielleicht nach Toronto gezogen? Sollte sie das Glück haben, zur gleichen Zeit zum Kleinen Bärensee zurückzukehren wie er?

»Wer?« fragte sie.

»Claire«, sagte Maudy. »Sie wohnt bei ihrer Mutter.«

ALTE FREUNDSCHAFT

2. Mai 1968
Little Bear Lake

Gil und Maudy haben mit den Arbeiten am MOON angefangen, damit alles fertig ist, wenn die Feriengäste nächsten Monat kommen. Ich habe ein paar Tage lang gehämmert und geharkt und Kisten geschleppt. Es gibt zwei gute Gründe für diese harte Arbeit: 1. Geld, Knete, Kohle, und 2. Maggie Ann Patterson wird im Sommer wieder herkommen, um im MOON zu kellnern. Ich habe an unserem geheimen Plätzchen alle Blätter weggefegt. Es ist jetzt fertig hergerichtet und wird schon grün. Ich wünschte, ich könnte es mit jemand Liebem teilen. Kennst Du vielleicht jemanden? Ich kann es kaum erwarten, Dich wieder in den Armen zu halten.
Alles Liebe, Rob

Nachdem Maggie die wenigen Seiten des dünnen Telefonbuchs von Little Bear Lake durchgeblättert hatte, fand sie die Nummer, die sie suchte. Es konnte nur einen Luther Findley in Little Bear Lake geben, vielleicht sogar in ganz Ontario. Maudy wußte nicht, warum Claire plötzlich nach Little Bear zurückgekommen war, nur, daß sie vorhatte zu bleiben. Sie war allerdings, wie Maudy berichtet hatte, verheiratet und hatte Kinder. Hatte Claire also, wie Maggie, die Scheidung ereilt? Robert Flaubert hatten die Clarkes nicht erwähnt. Sie hatte die ganze Zeit darauf gewartet, daß einer von ihnen etwas sagen würde, doch als sie es nicht taten, mochte sie auch nicht fragen. Sie hatte ihm das Herz gebrochen, das mußten Gil und Maudy wissen. Vielleicht waren sie einfach zu höflich, vielleicht war es ihnen peinlich, darüber zu sprechen, und so hatte Maggie nichts gesagt. Sie würde alles von Claire erfahren. Wenn Claire schon seit einer Woche in Little Bear Lake war, hatte sie Zeit genug gehabt, sämtlichen Klatsch in Erfahrung zu bringen. Komisch, da können fünfundzwanzig Jahre zwischen zwei Menschen vergehen, und dann drückt man ein paar Tasten auf einem magischen Gerät und wird mit einer Stimme aus der Vergangenheit verbunden.

Zuerst wußte Claire nicht, wer Maggie war. Sie wußte nur, daß da jemand anrief, der sich vertraut anhörte.

»Ich kann es nicht ausstehen, wenn jemand das mit *mir* macht, aber errätst du, wer ich bin?« hatte Maggie gefragt, als die Stimme am anderen Ende der Leitung zugegeben hatte, daß sie tatsächlich Claire Findley war, deren Zwillingsbruder Clarence der beste Cribbage-Spieler von Nord-Ontario war. Maggie hatte nicht fragen wollen: »Bist du die Claire Findley, die früher im Sommer im HAR-

VEST MOON gekellnert hat?« Sie wußte, daß sie sich sofort verraten würde, wenn sie das MOON erwähnte. Schließlich waren nicht allzu viele Kellnerinnen durch die breite Eingangstür des Tanzschuppens gekommen und gegangen. Claire würde zu schnell auf Maggie Patterson kommen. Also hatte sie gefragt, ob sie die Claire sei, deren Bruder Clarence ein Cribbage-As war.

»Woher kennst du Clarence?« hatte Claire gefragt.

»Du mußt schon raten, wer ich bin«, hatte Maggie erwidert. »Ich gebe dir einen Tip. Ich bin eine Stimme aus der fernen Vergangenheit.«

»Bist du hier aus der Gegend, oder warst du als Urlauberin hier?« wollte Claire wissen.

Maggie dachte einen Moment nach. »Wenn ich nur diese beiden Möglichkeiten habe, muß ich wohl sagen, ich war eine Urlauberin«, antwortete sie.

»Also, dann ist es zwecklos«, sagte Claire. »Hast du eine Ahnung, wie viele Urlauber jedes Jahr hierher kommen? Ich rede von Kanadiern, Amerikanern und Marsmenschen. Du weißt doch wohl, daß Little Bear Lake neuerdings ein heißer Tip für UFO-Beobachtungen ist, oder ist es zu lange her? Ich kann dir jedenfalls sagen, es gibt hier UFOs in allen Ecken und Winkeln, in allen Bäumen und Büschen. Natürlich nehmen wir alle an, daß es nur Monty Whitburn ist, der mal wieder irgendwelche Phantasie-Reportagen vom Stapel läßt. Monty hat auch schon etliche rosa Elefanten gesichtet. Übrigens hast du mir nicht gesagt, von welchem Planeten du stammst. Bist du ein Erdling?«

Maggie grinste. Claire hatte sich in all den Jahren kein bißchen verändert. Sie war immer noch dieselbe Ulknudel und wahrscheinlich konnte sie immer noch jede Party anheizen, darauf würde Maggie wetten.

»Na, dann will ich dich folgendes fragen«, sagte Maggie. »Hat Monty immer noch diesen alten roten Chevy, und fragt er sich immer noch, wer die Kiste in den Haselnußsträuchern unten an der Hockey-Bahn versteckt hat?«

Am anderen Ende der Leitung trat Schweigen ein. Maggie konnte fast hören, wie Claires graue Zellen versuchten, die Details zu einem konkreten Bild zusammenzusetzen. Sie hatten einander geschworen, niemals einer Menschenseele zu erzählen, wie sie es geschafft hatten, Montys Chevy zu verstecken. Nur sie drei wußten es – die drei Musketiere – Claire, Maggie und Rob.

»Heiliger Krischna!« sagte Claire. »Maggie? Maggie Patterson aus Boston?«

»Treffer«, sagte Maggie. Sie konnte Claires hübsches Gesicht fast vor sich sehen, und sie fragte sich, ob es sich über die Jahre verändert haben mochte, ob Claire noch die Sommersprossen hatte, mit denen ihre Nase gesprenkelt gewesen war.

»Ich glaub's nicht!« sagte Claire.

»Du kannst es ruhig glauben«, sagte Maggie. »Ich bin's. Und ich hab immer noch keiner Menschenseele verraten, wer Montys Chevy versteckt hat.«

»Verdammt, du könntest genausogut vom Mars kommen«, sagte Claire, »so fern, wie wir uns fünfundzwanzig Jahre lang gewesen sind. Mein Gott, aber ich hab seit dem Sommer damals oft an dich gedacht, hab mich immer wieder gefragt, wo du stecken mochtest. Erst vor ein paar Tagen hab ich zu mir gesagt, Claire Findley, hab ich gesagt, eines Tages wirst du diese Frau wiedersehen.«

Maggie spürte, wie sich ihr Hals, ihre Brust leicht zusammenschnürten. Wieso hatte sie nicht wenigstens *Claire* ab und zu geschrieben? Weil Claire Robs beste Freundin gewesen war, darum. Irgendwie hatte sie, um Robert Flaubert aus ihrem Leben zu verbannen, auch seinen rechten Arm, Claire Findley, verbannen müssen.

»Du heißt also immer noch Claire Findley?« fragte Maggie, um nicht darauf eingehen zu müssen, warum sie in ein neues Leben geflüchtet war.

»Lange Geschichte«, sagte Claire. »Aber ich hab vor langer Zeit gehört, daß du nicht mehr Maggie Patterson heißt. Wie geht's denn dem Göttergatten?«

»Das ist wahrscheinlich eine noch längere Geschichte«, sagte Maggie.

»Tja«, sagte Claire, »ich hab viel Zeit zuzuhören. Und es ist erst acht. Wir könnten nach Fort Wallace rüberfahren und ein paar Bier trinken. Trinkst du immer noch Bier?«

»Sieht Monty Whitburn immer noch rosa Elefanten?« fragte Maggie.

Sie trafen sich in Fort Wallace im LAKEVIEW, einer kleinen Kneipe zwanzig Meilen von Little Bear Lake entfernt. Sie war zu ihrem Namen gekommen, weil sie am Ende eines weiteren der vielen Seen gelegen war, die sich wie eine Perlenkette durch die kanadischen Wälder zogen. Dieser See hieß Crooked Lake und war kleiner und weniger touristisch erschlossen als der Kleine Bärensee. Claire hatte noch ein paar Besorgungen zu machen, und so ließ Maggie sich Zeit, als sie die gewundene Straße am See entlang fuhr, gab sich der Erinnerung an jene lauen Sommerabende hin, als sie und Robert Flaubert, eine Kühltasche mit Bier zwischen sich, in seinem Pick-up über die kiesbedeckten Waldwege gefahren waren und im Radio ein Pop-Sender aus Toronto lief. Am Ende waren sie jedesmal zu Robbies geheimem Plätzchen gefahren, seiner Lieblingsstelle gegenüber dem HARVEST MOON, einer kleinen Lichtung, wo grünes Moos im Sommer eine dicke, weiche Decke bildete, wo die Bäume ein Dach aus Ästen formten und das Wasser des Sees ans Ufer plätscherte. Und im Herbst, in der einen Woche, für die Maggie wegen des Balls im HARVEST MOON herkam, war das Moos braun und mit trockenen Kiefernnadeln bedeckt. Eine geheime, eine ganz besondere Stelle. Die Stelle, an der sie und Robbie zum erstenmal miteinander geschlafen hatten. Im zweiten Sommer hatte Rob Gil überedet, ihm das kleine Stück Land dort zu verkaufen, wo seine geheime Stelle lag, und als Überraschung für Maggie hatte er einen kleinen Steg gebaut, ein kleines Plätzchen, nur für sie beide. An manchen Abenden, wenn sie endlich das Geld weggeschlossen und Gil und Maudy eine gute Nacht gewünscht hatte, lief sie über den großen Parkplatz vor dem MOON zu dem Pfad, der durch das Gestrüpp führte, dem schmalen Pfad, den Robbie extra für sie geschlagen hatte, und ging zu ihm. Wenn sie an dem kleinen Hügel mit den Fichten ankam, hörte sie jedesmal von weitem seine Musik, Songs, die aus dem Radio in seinem alten Pick-up dröhnten, Hits der Saison: *»Leaving on a Jet Plane«, »Honey«, »Judy in Disguise«, »Mrs. Robinson«, »Hey Jude«, »Love Child«, »I Heard It Through the Grapevine«, »Green Tambourine«, »This Guy's in Love With You«.* Das war Robbie, der Typ aus dem letzten Song, denn er war unsterblich verliebt in Maggie Ann Patterson. Und sie in ihn. Weil sie in dem Zimmer, das Gil und Maudy für sie in ihrer Wohnung im MOON hergerichtet hatten, kaum Privatsphäre hatte, trafen sie und Robbie sich immer an der geheimen Stelle. Manchmal wartete er auf der breiten Veranda auf sie, und dann stiegen sie in sein Kanu und paddelten in den Mondschein hinaus. Einmal hatten sie nicht gewartet, bis sie zu der kleinen Bucht, der weichen Moosdecke gelangten. Während die Lichter des MOON in der Ferne wie

Glühwürmchen blinkten, hatte Maggie ihr Paddel aus dem Wasser gezogen und sich zu ihm umgedreht und ihn angesehen. Und so hatte sie ihn in all den Jahren immer vor sich gesehen, wenn sein Gesicht aus der Erinnerung auftauchte, wenn es mit den bunten Blättern in der Beauchemin Street kam und ging. Sie erinnerte sich an seinen Anblick im Mondschein, an seinen nackten Oberkörper, an das Mondlicht auf seinen Wangen, seinem Haar, seinem Rücken; sie erinnerte sich daran, wie er sie mit seinen silbernen Fingern berührt hatte, in einer silbernen Nacht, während das silberne Wasser um sie herum gluckste. In jener Vollmondnacht im Juli. Manchmal weckte diese Erinnerung sie nachts auf, so wie sie manchmal aus Sorge um die Kinder nachts aufwachte. Sie rüttelte sie wach, diese silberne Erinnerung an Robert Flaubert, und dann lag sie im Dunkeln in ihrer Straße in Kansas City, in ihrem Staat Missouri, in den Vereinigten Staaten von Amerika, neben ihrem Ehemann Joe McIntyre, bis der silberne Geist der Erinnerung sie freigab und sie wieder einschlief und Robbie Flaubert im Mondlicht des Altweibersommers am Kleinen Bärensee zurückließ. Er hatte gewitzelt, er würde sein erstes Buch über diese Nacht schreiben. »Es wird den Titel tragen *›Wie man sich in einem Kanu liebt, ohne zu kentern‹.«* Ob er wirklich Schriftsteller geworden war? Hin und wieder hatte Maggie, wenn sie in eine Buchhandlung kam, gefragt: »Haben Sie irgendwelche Bücher von einem Autor namens Robert Flaubert?« Und dann hatte sie mit klopfendem Herzen gewartet, während die Buchhändlerin auf dem Mikrofilm nachgesehen hatte, auf dem alle lieferbaren Titel verzeichnet waren. Dann waren die Mikrofilme verschwunden, und die Buchtitel wurden auf Computern erfaßt, und es gab immer noch kein Buch von Robert Flaubert. Nur von Gustave, von dem abzustammen Robbie gern vorgab. Das letzte Mal hatte Maggie in San Francisco in einer kleinen exquisiten Buchhandlung nachgefragt, als sie zu einem Symposion über Ezra Pound nach Berkeley gefahren war. In der Abteilung für klassische Literatur hatte sie ein Poster mit dem Konterfei von Gustave Flaubert entdeckt. Unter seinem traurigen, steifen Gesicht die Worte *»l'art pour l'art«* – Kunst um der Kunst willen. Und sie hatte wieder an Robert Flaubert denken müssen, den zukünftigen kanadischen Schriftsteller. Als sie an den Informationstresen gegangen war, um sich zu erkundigen, hatte die Buchhändlerin den Namen eingetippt und gewartet. »Nein, nichts von einem Robert Flaubert«, sagte sie schließlich. »Kennen Sie vielleicht einen seiner Titel? Ich könnte danach suchen.« Maggie wollte schon nein sagen, doch dann hatte sie gelächelt und gesagt: »Ich glaube, er hat ein Handbuch geschrieben mit dem Titel *›Wie man sich in einem Kanu liebt, ohne zu kentern‹.«* Die Frau hatte sie nur angestarrt. »Oder vielleicht verwechsle ich das mit einem Filmtitel«, sagte Maggie und verließ den Laden. Das war vor sieben Jahren gewesen. Danach hatte sie aufgehört, sich in Buchhandlungen nach Robert Flaubert zu erkundigen. *L'amour pour l'amour.* Bald würde sie alle Antworten erfahren.

»Ich hätte mir nie träumen lassen, daß der Tag kommen würde, an dem ich dich wiedersehe«, sagte Claire, nachdem sie sich so lange zur Begrüßung umarmt hatten, daß die Leute ihre Gespräche unterbrachen und sie anstarrten. Sie gingen an einen freien Tisch in einer Nische in der Nähe der Theke. Claire ließ sich gegenüber von Maggie auf die mit Kunstleder bezogene Bank fallen. Sie hatte hier und da ein paar Pfund zugelegt, aber sie war immer noch die alte Claire, mit Sommersprossen auf der Nase und einem Stirnband, wie sie es in den sechziger Jahren getragen hatte.

»Du hast dich kein bißchen verändert«, sagte Claire. »Du hast noch nicht mal zugenommen. Das ist nicht fair.«

»Dafür muß ich jeden Tag vier Meilen joggen«, sagte Maggie. »Und ich lese heutzutage mehr Inhaltsangaben auf Dosen und Verpackungen als Gedichte. Immer auf der Hut vor dem verdammten Fett. Das macht keinen Spaß.« Ihr Bier wurde serviert, und sie stießen mit den kalten Flaschen an.

»Auf die alten Zeiten«, sagte Claire, »und auf alte Freundschaft.«

»Also, wieso bist du zurückgekommen?« fragte

Maggie. Claire sah zu den Kickerspielern am anderen Ende des Raumes hinüber, junge Männer, die wild darauf waren zu gewinnen und nach jedem Punkt in lautes Gejohle ausbrachen.

»Willst du die traurigen Fakten hören?« fragte sie. Maggie nickte. »Also, 1974 hab ich einen Mann namens Charles Blakely geheiratet«, sagte Claire, »und mit ihm zwei Kinder gekriegt. Ein paar Jahre lang haben wir getrennt gelebt, und 1985 sind wir geschieden worden. 1986 hab ich einen Mann namens John Buck geheiratet. Das hat nur bis 1987 gehalten. Wir waren beide schon mal geschieden, und du weißt ja, was man über die zweite Ehe sagt. Nach diesen Erfahrungen wäre eine Schimpansin schlau genug gewesen, um von der Ehe geheilt zu sein, aber rate mal, was ich gemacht hab. 1990 hab ich es fertiggebracht, noch einmal zu heiraten, einen Mann namens Christopher Dean, und in den war ich wirklich verliebt, Maggie, genau wie damals, als ich mich in Charlie verliebt hab. Und das hätte mich stutzig machen müssen, denn er war *genau wie Charlie*. Früher hab ich immer gesagt, Charlie würde mich sogar noch im Schlaf betrügen, und das stimmte. Manchmal wurde ich nachts wach, und er träumte von irgendeiner anderen Frau, ein breites Grinsen im Gesicht und das Kopfkissen in den Armen. Wenn man das jahrelang mitgemacht hat, tut es irgendwann nicht mehr weh, und man ist nur noch froh, daß es vorbei ist. Aber das letzte Mal war es wirklich schlimm.« Sie bedeutete der Kellnerin, ihnen noch eine Runde Bier zu bringen.

»Das tut mir leid«, sagte Maggie.

»Meine Töchter sind inzwischen beide auf dem College«, sagte Claire. »Also bin ich hierher zurückgekommen, um mal wieder meine Murmeln zu sortieren. Es gibt gute Männer auf der Welt. Ich muß einfach damit aufhören, mir immer die schlechten rauszufischen.«

»Du hast zwei Töchter?« sagte Maggie. »Ich auch.«

»Und du?« fragte Claire. »Wieso bist du hierher ans Ende der Welt zurückgekehrt?«

Maggie wartete, bis die Kellnerin ihnen das Bier serviert hatte und wieder hinter der Theke verschwunden war.

»Es scheint mir, als ob ich so ziemlich aus den gleichen Gründen hierher gekommen wäre wie du«, sagte sie schließlich. »Ich muß wohl wieder zu mir selbst finden.«

»Dein Mann?« fragte Claire.

»Joe McIntyre«, sagte Maggie. »Letztes Jahr ist er eines Tages vom Tisch aufgestanden und hat mir von seiner neuen großen Liebe erzählt, die zufällig die siebenundzwanzigjährige Anwaltsgehilfin aus seiner Kanzlei war.«

»Jesus«, sagte Claire. »Das Leben kann wirklich einen Haufen Mist produzieren.«

»Also«, sagte Maggie, »habe ich mein Haus verkauft und ein Sabbatjahr genommen. Ich habe keine Ahnung, was ich in einem Monat tun werde, erst recht nicht in einem Jahr. Ich weiß nur, daß ich ein paar alte Geschichten klären muß. Und Robert Flaubert ist eine davon.«

Claire saß einfach da und starrte sie an, während die rauhen Stimmen der Kickerspieler im Hintergrund immer lauter wurden. »Robbie ist eine davon?« fragte sie schließlich. Maggie nickte. Konnte es sein, daß Claires Stimme zittrig geklungen hatte?

»Wenn ich diese Sache erledigt habe, wenn ich ihm von Angesicht zu Angesicht gesagt habe, daß es mir leid tut, kann ich noch einmal von vorn anfangen. Und wer weiß. Die erste große Liebe kann vieles überdauern. Andererseits kann es ja auch sein, daß er glücklich ist, dann ist das natürlich etwas anderes. Und deswegen warte ich sehnsüchtig darauf, daß mir jemand etwas über ihn erzählt. Auf dem Flug nach Toronto und auf der Fahrt hierher hab ich an nichts anderes als an ihn denken können.« Sie wußte, daß Claire ihr alles über Robert Flaubert erzählen konnte. Eine Kleinstadt blieb eine Kleinstadt, egal, wie viele Jahre vergingen. Menschen, die in einer kleinen Gemeinde geboren und aufgewachsen waren, die wie eine Familie für sie war, verloren nie den Kontakt untereinander. Selbst wenn ein Einzelgänger den Ort verläßt und in die Welt hinauszieht, läßt er eine Mutter, einen Vater, Schwester, Bruder, Großmutter, Großvater, Vetter, Kusine, einen guten Freund zurück, *irgend jemanden also*, der immer weiß, wo er steckt. Und dieser Jemand hält die Gemeinde auf dem laufenden. Aus einer Kleinstadt gibt es kein Entrinnen. Das ist eine Art universelles Gesetz. Und Robert Flaubert und Claire Findley hatten sich so nahe gestanden wie Bruder und Schwester.

»Wo ist er?« fragte Maggie, und sie sah, daß Claires Augen feucht wurden. »Wohnt er noch hier? Ist er verheiratet? Er muß verheiratet sein. Aber ist er glücklich? Ist er von hier fortgezogen?«

»Jesus«, sagte Claire noch einmal. Sie zog die Serviette unter ihrer Bierflasche hervor und schneuzte sich. »Ich fürchte, du weißt es tatsächlich nicht.« sagte sie schließlich.

»Hat er je nach mir gefragt?« Maggie hörte überhaupt nicht zu. Sie hatte so lange auf Antworten gewartet. Claires Gesichtsausdruck ließ erkennen, daß sie alten Erinnerungen nachhing, und Maggie wußte, was das für Erinnerungen waren: Es waren Erinnerungen an das HARVEST MOON, an den großen Tanzboden und die wuchtige alte Musikbox und an Sommernächte, in denen sie nackt im See geschwommen waren und auf dem kleinen Steg gesessen und Wein getrunken hatten und Körbe voll wilder Erdbeeren gepflückt und in der Sonne gelegen hatten, während die Feriengäste aus ganz Kanada und den fünfzig vereinigten Staaten nach Little Bear Lake strömten, an jüngere Körper und Herzen, bereit, die Welt zu erobern, Herzen, die noch ungetrübt waren von Lebenserfahrung, von

Scheidungen und Dehnungsstreifen und den ersten grauen Haaren, Erinnerungen an die drei Musketiere: Claire Findley, Robert Flaubert und Maggie Patterson. Schließlich legte Claire die Serviette weg und sah Maggie über den Tisch hinweg an.

»Nein, er ist nie von hier fortgezogen«, sagte sie. »Er hat ein Mädchen geheiratet, das er in Coreyville kennengelernt hat. Die beiden haben 1970 geheiratet. Sie war schwanger mit ihrem einzigen Kind. Ob er glücklich war? Ich nehme an, er war so glücklich wie wir alle, wenn man bedenkt, was einem das Leben immer wieder für Knüppel zwischen die Beine wirft. Ich glaube, er hat Julia wirklich sehr geliebt. Und er hat sehr an seinem Sohn gehangen.«

Maggie sagte nichts. In Claires Ton hatte etwas so Endgültiges gelegen, und das war ihr zum erstenmal, seit das Gespräch auf Robbie gekommen war, aufgefallen.

»Wo ist er?« fragte sie leise. »Wo ist er, Claire?«

»Ich hab ihn 1990 das letztemal gesehen«, sagte Claire. Sie hatte ihren Blick von Maggie abgewandt, starrte aus dem Fenster in die Richtung, wo der Kleine Bärensee lag, so als könnte sie Robbie immer noch dort sehen, ein schiefes Grinsen auf seinem schöngeschnittenen Gesicht, am Ufer wartend, einen Picknickkorb im Kanu, auf Claire und Maggie wartend. »Ich war nur zu Besuch hier, einen Monat bevor ich Christopher geheiratet habe. Ich wollte noch einmal den Frieden erleben, der einen auf dem See umgibt. Also haben Robbie und ich uns ein Kanu gemietet und den ganzen Tag auf dem See verbracht. Er war immer noch der alte Robbie. Es war wunderbar. Dann bin ich nach Toronto zurückgefahren. Eine Woche später war Robbie tot. Herzinfarkt.«

Maggie saß ihrer Freundin wie betäubt gegenüber und versuchte zu begreifen, was sie gerade gehört hatte. Den ganzen Tag, seit sie in Toronto gelandet war und je näher sie Little Bear Lake gekommen war, hatte sie seine Gegenwart gespürt, hatte seinen Geruch in dem Duft der Fichten und des Seewassers wahrgenommen, hatte ihn beinahe fühlen können, seine samtige Haut, seine Finger, seine Lippen. *Wenn er verheiratet ist*, hatte sie sich gesagt, *sage ich einfach hallo und gehe wieder. Ich werde ihn in Ruhe lassen. Ich werde nicht versuchen, jemandem das anzutun, was Bridgette und Joe mir angetan haben. Aber was ist, wenn er nicht verheiratet ist, was ist, wenn er immer noch auf mich wartet?* Das waren die Gedanken, die ihr den ganzen Tag durch den Kopf gegangen waren. Ihr war nie in den Sinn gekommen, daß Robert Flaubert, der für sie immer noch so aussah wie in ihrer Erinnerung, womöglich nicht mehr auf diesem Planeten weilte, nicht mehr da sein könnte, um mit ihr zu reden, daß sie ihn nicht mehr würde berühren können. Er war gegangen, für immer, wie der Eistaucher, den sie am Vormittag gesehen hatte. Er war fort, und die Wellen auf dem Kleinen Bärensee, die Wellen, die er beim Paddeln gemacht hatte, waren verschwunden. Es war, als hätte Robert Vincent Flaubert niemals existiert.

»Ich muß hier weg«, sagte Maggie, und dann stand sie mit zitternden Knien auf und nahm ihre Handtasche.

»Ich komme mit«, sagte Claire, doch Maggie hob abwehrend die Hand.

»Nein«, sagte sie, »bitte nicht. Laß uns morgen zusammen zu Mittag essen. Dann können wir weiterreden. Aber jetzt muß ich allein sein.«

»Willkommen zu Hause, Süße«, sagte Claire sanft.

DER VERLUST

27. Oktober 1969
Little Bear Lake

Liebe Mags,
heute abend weht ein leichter Wind über Little Bear. Und über der kleinen Bucht hängt nur eine schmale Mondsichel. Es ist einsam, im Herbst, wenn die Bäume kahl werden und alle weg sind, sogar die Gänse. Manchmal kommt es mir so vor, als wären wir hier zurückgelassen worden, so wie viele Feriengäste Dinge zurücklassen, die sie nicht mehr brauchen. Aber dann denke ich daran, wie schön es gewesen ist, und dann ist plötzlich wieder Sommer, und die Musik dröhnt aus der Musikbox im MOON, und wir fahren über die Waldwege, den Wind in den Haaren und das Leben vor uns. Du kommst nächsten Sommer zurück, Gott ist oben in seinem Himmel, und alles ist in Ordnung auf der Welt. Alles Liebe, Rob

Das war der letzte Brief, den er ihr geschrieben hatte. Zusammen mit dem Brief hatte er eine wunderschöne Zeichnung von Herbstblättern auf der Veranda geschickt. Ein Bild, das Einsamkeit ausdrückte. Ein oder zwei Tage später mußte er den Brief von Maggie mit dem Poststempel von Boston erhalten haben, in dem sie ihm erklärte, daß es vorbei war. In ihrem Motelzimmer hatte Maggie all die Briefe von Robbie auf ihrem Bett ausgebreitet, Briefe aus den Herbsten, Wintern und Frühjahren, in denen sie getrennt gewesen waren, nachdem sie sich im Sommer 1967 kennengelernt hatten. Sie hatte sie aus der Kiste auf dem Dachboden in der Beauchemin Street genommen und sicher in ihrer kleinen Reisetasche verstaut. In all den Jahren, die sie sie aufbewahrt hatte, hatte sie es nie fertiggebracht, sie noch einmal zu lesen. Hatte es einfach nicht über sich gebracht. Und dann, auf dem Flug nach Toronto, hatte sie sich ein Glas Rotwein bestellt und in die Tasche zu ihren Füßen gelangt und den ersten Brief hervorgeholt: *9. September 1967 … Liebe Maggie, ich vermisse Dich jetzt schon. Es wird ein langer Winter und ein langer Frühling werden, bis Du endlich wieder da bist. Wenigstens kommst Du in zwei Wochen noch mal zum Herbstball. Du sollst wissen, daß es mir ernst war, als ich Dir an dem Abend vor Deiner Abreise gesagt habe, daß ich Dich liebe. Ich werde Dich immer lieben. Du bist das wunderbarste Mädchen, dem ich je begegnet bin. Ich träume jede Nacht von Dir. (Früher hab ich vom Hockeyspielen geträumt! Das nur ein Scherz.) Claire läßt Dich grüßen. Laß mich für immer in Deinem Herzen sein. Rob.* Und während sie las, flog sie zu ihm zurück, flog sie zum Kleinen Bärensee und in die Vergangenheit zurück mit der festen Absicht, ihr den Respekt zu zollen, der ihr gebührte: die Vergangenheit prägt einen für immer. Respekt, den sie vor einem Vierteljahrhundert nicht begriffen hatte, weil sie zu jung und zu naiv gewesen war. Als sie am Friedhof von Little Bear Lake vorbeigeflitzt war, den Wind in den Haaren wie früher in jenen wilden, leidenschaftlichen Nächten, wußte sie noch nicht, daß er nicht mehr da war. Ein Herzinfarkt. War das zum Teil ihre Schuld? Kann enttäuschte Liebe ein Herz so entzweibrechen, daß es nie wieder heilt, selbst wenn es sich darum bemüht? Er hatte eine andere geheiratet, hatte Claire gesagt, und anscheinend hatte er seine Frau sehr geliebt. Aber etwas an der Art, wie er gestorben war – ein Herzinfarkt –, ließ ihr keine Ruhe. In all den langen Jahren hatte sie eines gewußt, etwas, das damals alle gewußt hatten: sie hatte ihm das Herz gebrochen. Und jetzt hatte ebendieses Herz ihn getötet. Sie würde ihm nie mehr sagen können, wie leid es ihr tat, wie sie ihm die sprichwörtliche Fackel getragen hatte in all den Jahren der Familienfeiern und Babywindeln und ausgefallenen Milchzähne und Schularbeiten und Zeugnisse. Sie hatte eine Fackel getragen, die sie jetzt löschen mußte.

In ihrem schlichten kleinen Motelzimmer am See las Maggie den zweiten Brief, den Robbie ihr geschrieben hatte, und dann den dritten und den vierten, den fünften, las bis spät in die Nacht, legte die Naturzeichnungen, die er jedem Brief beigelegt hatte, auf einen gesonderten Stapel, Zeichnungen von Blumen und Insekten und Bäumen. Sie las die Vergangenheit, studierte sie, als wäre sie ein Geschichtsbuch, das man vom Staub befreien und wieder aufschlagen konnte, in dem man die Seite, an der man zu lesen aufgehört hatte, finden und von neuem anfangen konnte. Sie las, bis die Vögel in den Bäumen vor ihrem Fenster zu zwitschern begannen. Es war alles wieder da, die hektischen, chaotischen Abende, an denen sie gekellnert hatte, die Feriengäste, die manchmal unhöflich und schwer zufriedenzustellen waren, der große gelbe Tanzboden voller schwitzender Leiber, das Trinkgeld auf ihrem Tablett, die Blicke, die Robbie ihr von seinem angestammten Barhocker aus zuwarf, wo er wartete, bis sie Feierabend hatte, und dann der Seewind auf ihrer Haut, der Abendwind, der sie in die Nacht hinaus begleitete, der die Nacht selbst begleitete, wenn sie endlich Zeit für sich allein hatten, und Claire mit ihrem heiteren Lachen, alle drei mit einer Zukunft vor sich, die ihnen Scheidungen und gebrochene Herzen und eine moderne Welt brachte, in der sie sich nie wieder wirklich zu Hause fühlen würden.

Sie hatte Claire versichert, daß alles in Ordnung sei, daß sie einfach nur Zeit brauchte, um die Neuigkeit zu verarbeiten, und das stimmte. Sie war keine Selbstmörderin. Schließlich hatte sie immer noch zwei Töchter, an die sie denken mußte. Doch das linderte nicht den Schmerz, den es ihr bereitete, Robbie verloren zu haben, ihn verloren zu haben, nachdem sie ihm nach fünfundzwanzig Jahren wieder so nah gewesen war. Und die einzige Möglichkeit, sich ihm jetzt nahe zu fühlen, bestand darin, seine Briefe zu lesen, einen nach dem anderen, so wie ihre Liebe einen Tag nach dem anderen gewachsen war. Und so las sie jeden einzelnen Brief vom Herbst 1967 bis zum Herbst 1969 und breitete alle seine Zeichnungen auf ihrem Motelbett aus. Indem sie die Briefe nach so langer Zeit noch einmal las, kam es ihr fast so vor, als sei alles in Ordnung, als geschähe alles noch einmal, als bewege sie sich auf die Zukunft zu, diesmal ganz bewußt und mit klaren Vorstellungen. Robbie lebte noch und schrieb Liebesbriefe: *4. Juni 1968. Wir arbeiten Tag und Nacht, um das MOON fertig zu bekommen. Ach ja, Gil hat mir letzte Woche eine Lohnerhöhung gegeben. Das ist der letzte Brief, den ich schreibe, denn in ein paar Tagen wirst Du in deinem kleinen blauen Käfer hier vorfahren, und ich werde wieder glücklich sein. P.S. Du bist herzlich eingeladen, das geheime Plätzchen zu besuchen, wo eine Überraschung und eine Flasche Wein auf Dich warten. Alles Liebe, Robbie.* Die Überraschung war gewesen, daß er Gil das kleine Stück Land abgekauft hatte, das Stück Land, auf dem ihr geheimes Plätzchen gelegen war, und daß er den kleinen Steg gebaut hatte. Sie würde noch einmal dorthin gehen, morgen, würde die Stelle suchen und nachschauen, ob der Steg noch da war. In der Zwischenzeit, während die Vögel vor ihrem Fenster zwitscherten, weinte sie, bis ihr Kopfkissen von den Tränen der Reue durchnäßt war. »Das hab ich verdient, das hab ich verdient, das hab ich verdient«, sagte sie sich immer wieder, bis sie schließlich erschöpft einschlief. Und dort, in dem fremden kleinen Motelzimmer am Ufer des Kleinen Bärensees, in den frühen Morgenstunden, als seine geschriebenen Worte immer noch in ihrem Kopf herumschwirrten, kam Robbie Flaubert im Traum zu ihr zurück. Sie sah ihn wieder, in seinem silbernen Gewand aus Mondlicht, als sie sich im Kanu nach ihm umwandte, seine wunderschönen Wangenknochen, seine nackte Haut so silbrig glänzend wie eine Münze, und dann lagen sie sich in den Armen, während die gelben Glühwürmchenlichter des HARVEST MOON von einem anderen Ufer, einem Ufer der Zukunft her grüßten, bis sie verzückt die Augen schlossen und die Lichter für immer verloschen.

Wie versprochen, traf sie sich am nächsten Mittag mit Claire in CINDY'S CAFE.

»Jesus«, sagte Claire. Nach all den Jahren war es immer noch ihr Lieblingswort. Robbie hatte immer gesagt, Claire müßte frommer sein als die Nonnen, die ihn in der Grundschule unterrichtet hatten. *Nicht mal* die *sagen so oft Jesus* hatte er erklärt.

»Guten Morgen«, sagte Maggie.

»Du siehst ja gräßlich aus«, sagte Claire. »Hast du die ganze Nacht nicht geschlafen?« Eine Kellnerin erschien mit Kaffee und einer Schale mit Sahne in kleinen Portionspackungen.

»Willst du was essen?« fragte Claire.

»Einen Salat«, sagte Maggie, obwohl nur der Gedanke, daß sie besser etwas im Magen haben sollte, sie dazu bewog, etwas zu bestellen.

»Mag, Liebes«, sagte Claire. »Ich dachte wirklich, Gil und Maudy hätten dir von Rob erzählt. Ich wünschte, ich hätte es dir schonender beibringen können.«

»Und wie?« fragte Maggie. »Es gibt keine schonende Art.« Sie schaute der Kellnerin dabei zu, wie sie einen Tisch in der Nähe des Fensters abwischte und dann die Gewürzbehälter ordnete. Schließlich sah sie Claire fest in die Augen.

»Nun?« fragte Claire.

»Was ich wissen möchte«, sagte Maggie, »was ich wissen *muß*: Hat er jemals nach mir gefragt? Hat er jemals meinen Namen erwähnt?«

Claire seufzte schwer. Robert Flaubert war offenbar auch bei ihr immer noch ein wunder Punkt, und sie schien ihn schmerzlich zu vermissen.

»Okay, er hat sich nach dir erkundigt«, sagte Claire schließlich. »Aber du kennst ja Robbie. Er wollte sich nie anmerken lassen, wie verletzt er wirklich war. Du solltest auf keinen Fall erfahren, daß er nach dir gefragt hatte.«

Maggie lächelte traurig. Das war typisch Robbie, stolz wie eh und je.

»Deine Tante – wie hieß sie gleich? –, sie hat noch ein paar Jahre lang ihren Sommerurlaub hier verbracht.«

»Rachel«, sagte Maggie. »Tante Rachel. Durch sie hab ich erst von dem Job im HARVEST MOON erfahren.«

»Na ja, es war jedes Jahr das gleiche Spiel, sobald deine Tante das Ferienhaus bezogen hatte. Robbie kam ins MOON, während meiner Arbeitszeit, und entweder hat er dann gewartet, bis ich Feierabend hatte, so wie er es immer bei dir gemacht hat, oder er hat mich beiseite genommen, und wir sind kurz auf die Veranda hinausgegangen. ›Könntest du dich für mich nach Maggie erkundigen?‹ sagte er. ›Könntest du fragen, wo sie steckt und wie es ihr geht?‹ Und ich hab dann deine Tante gefragt. So haben wir erfahren, daß du gleich im nächsten Sommer, nachdem du fortgegangen warst, geheiratet hast. Nur vier Monate später, im Oktober, hat Robbie dann auch geheiratet, als er erfuhr, daß Julia schwanger war. Und dann, im nächsten Sommer, als deine Tante wiederkam, hörten wir, daß du gerade ein Baby bekommen hattest. Da war Robbies Sohn schon geboren. Er war zwei Monate alt, wenn ich mich recht erinnere. Dann, im darauffolgenden Sommer, erfuhren wir, daß du noch ein Baby bekommen hattest. Robbie brauchte mich eigentlich gar nicht zu überreden, mich nach dir zu erkundigen. Ich war selbst auch neugierig, also hab ich deine Tante schon von mir aus angesprochen und ihm später alles berichtet. Er wollte nicht, daß deine Tante dir erzählte, er hätte nach dir gefragt, weißt du. Wir wußten sogar, daß du einen Rechtsanwalt geheiratet und wieder angefangen hattest zu studieren. Und dann kam deine Tante nicht mehr wieder, genau wie du. Und man könnte sagen, unser Pony Express wurde stillgelegt. Robbie hat sich ein schönes Haus am See gebaut und dort seinen Sohn großgezogen. Und ich bin nach Toronto gegangen und hab mich in ein paar Ehen gestürzt und ein paar Kinder gekriegt.«

»Was ist aus seiner Frau geworden?« fragte Maggie. Zu ihrer Verblüffung spürte sie, wie ihr heiß wurde – konnte es Eifersucht sein? Diese Frau, diese Julia, die er geliebt hatte, hatte all die Jahre an seiner Seite verbracht, all die Nächte in seinem Bett, unter dem silbernen Mond über dem Kleinen Bärensee, hatte sein einziges Kind geboren. Andererseits, wie konnte Maggie ihr das verdenken? Julia hatte ihr Glück offenbar gleich erkannt, als es ihr über den Weg gelaufen war.

»Sie ist nach Henderson Cove zurückgekehrt, das liegt ungefähr achtzig Meilen von hier entfernt«, antwortete Claire. »Da ist sie geboren und aufgewachsen. Ihre ganze Familie lebt immer noch dort. Ich nehme an, sie hat sich hier zu einsam gefühlt, wo sie immer daran erinnert wurde, wie sehr Robbie diesen See und alles geliebt hat.«

»Und sein Sohn?« fragte Maggie. Wie mochte sein Sohn geraten sein? Wie sehr wünschte sie sich, Robbie könnte ihre Töchter kennenlernen. Sie hatte sich auf dem langen Flug nach Toronto sogar schon ausgemalt, wie sie sie ihm vorstellen würde. Hatte gewußt, daß er ihren Sinn für Humor in Diana sehen würde, ihren Ehrgeiz in Lucy. Ob sein Sohn wohl nach ihm geraten war?

»Er ist immer noch hier, er wohnt in Robbies Haus«, sagte Claire. »Ich hab ihn schon seit Jahren nicht mehr gesehen. Wenn ich Robbie besucht hab, war er jedesmal mit seinen Freunden unterwegs. Es heißt, der Tod seines Vaters hätte ihn völlig aus dem Gleichgewicht gebracht. Er war auf der Försterschule, hat Maudy mir erzählt, weil er Förster werden wollte, wie sein Vater. Aber dann, als Robbie gestorben ist, hat er seine Ausbildung hingeschmissen und sich von seinen Freunden zurückgezogen. Seitdem hält er sich ziemlich für sich.«

»Förster?« fragte Maggie und lächelte.

Claire lächelte auch. »Weißt du«, sagte sie, »Robbie hätte wahrscheinlich auch Schriftsteller werden können. Er konnte über alles schreiben. Aber der Ruf der Wälder und Seen war einfach stärker. Das weißt du ja. Er konnte sich nie vom Kleinen Bärensee losreißen.«

Maggie nickte. Ein Pärchen paddelte in einem gelben Kanu über den See. Auf der gegenüberliegenden Seite leuchteten bereits ein paar bunte Blätter zwischen den Koniferen. Aus einer Hütte stieg Rauch auf, kringelte sich in einer grauen Spirale in den blauen Himmel hinauf. Es war ein Bild wie gemacht für Robert Flaubert. Maggie hätte am liebsten gefragt: *Hat er mir verziehen, Claire? Hat er mir jemals verziehen?* Aber sie konnte es nicht. Nicht jetzt. Noch nicht. Als sie am Morgen im Schein der warmen Herbstsonne aufgestanden war, an ihrem ersten Morgen am Kleinen Bärensee nach all den Jahren, mit vom vielen Weinen verquollenen Augen, hatte sie einen Entschluß gefaßt. Später vielleicht würde sie Claire die delikaten Details entlocken – *Hat er mir je verziehen?* –, doch unterdessen würde sie sich um andere Dinge kümmern. Um Dinge, die zu bewältigen sie in der Lage war. Sie bestellte sich eine zweite Tasse Kaffee.

»Man könnte sagen, daß ich in den vergangenen fünfundzwanzig Jahren nach Plan A vorgegangen bin«, sagte Maggie. »Möchtest du hören, was Plan B vorsieht?«

Claire sah sie interessiert an und nickte. »Nun?« fragte sie.

»Nun«, sagte Maggie. »Ich werde das HARVEST MOON kaufen und wieder eröffnen. Am besten fängst du schon mal an, deine Tanzschuhe zu polieren.«

Claire starrte sie verblüfft an. »Soll das ein Witz sein?« fragte sie.

»Nein«, sagte Maggie. »Keineswegs. Ich habe schon mit Gil telefoniert. Wir haben heute nachmittag einen Termin bei seiner Bank. Es wird eine Weile dauern, all den Papierkram zu erledigen, aber Gil sagt, da wir Freunde sind, kann ich gleich mit der Renovierung anfangen. Schließlich bleiben nur noch fünf Wochen bis zum Herbstvollmond. Und an dem Tag möchte ich den Laden eröffnen. Ich möchte noch einen Herbstball miterleben, bevor ich sterbe, auch wenn Robbie nicht dabei sein wird. Aber es wird ein paar Veränderungen im MOON geben. Kein Essen. Nur Tanz und Cocktails.«

»Ich wünschte, so wäre es gewesen, als wir dort gekellnert haben«, sagte Claire. »Erinnerst du dich noch an all den stinkenden Fisch, den wir servieren mußten?« Sie schaute Maggie über den Tisch hinweg an und grinste von einem Ohr zum anderen. Wahrscheinlich stellte sie sich gerade vor, wie Maggie von nun an als Chefin statt als Kellnerin agierte.

»Morgen setze ich eine Stellenanzeige in die Zeitung. Ich brauche so eine Art Vorarbeiter«, sagte Maggie, »jemanden, der sich um alles kümmert, was gemacht werden muß, der das Material bestellt und die ganze Sache einfach in die Hand nimmt, weißt du.« Claires Grinsen wurde immer breiter. THE HARVEST MOON. COCKTAILS & TANZ.

»Kannst du ein Tablett mit Bierflaschen immer noch so elegant balancieren wie früher?« Claire stellte dieselbe Frage wie Gil.

Maggie schüttelte den Kopf. »Deswegen brauche ich ein paar gute Kellnerinnen.«

»Auf jeden Fall brauchst du einen guten Barkeeper«, sagte Claire. »Ich bewerbe mich also hiermit für den Job. Während du dein Geld damit verdient hast, über Shakespeare zu diskutieren, hab ich mein

Geld damit verdient, die perfekte Bloody Mary zu mixen.«

»Betrachte dich als eingestellt«, sagte Maggie. Einen Moment lang saßen sie schweigend da, schauten auf den spiegelglatten See hinaus und lauschten auf das Gemurmel um sie herum. Jetzt fehlte nur noch Robbie.

»Fünfundzwanzig Jahre«, sinnierte Claire. »Und jetzt sind wir wieder da, wo wir angefangen haben.«

»Es wurde aber auch Zeit«, sagte Maggie.

RENOVIERUNG

8. November 1968
Little Bear Lake

Liebe Maggie,
gestern hat es wieder einen schönen roten Sonnenuntergang über dem See gegeben. Heute hatte sich am Ufer entlang teilweise Eis gebildet. Jetzt wird der See langsam zufrieren. Gestern, als der Frühnebel sich gerade über dem See zu lichten begann, habe ich zwei Weißwedelhirsche gesehen, die ans Wasser gekommen waren, um zu trinken. Und da mußte ich an Dich denken, an uns, und daran, wie unsere Lebenswege sich auf seltsame Weise für immer miteinander verbunden haben. Ohne Dich ist es einsam in Little Bear Lake. Selbst diese Hirsche haben einander. Aber ich sage mir, der Frühling wird das Tauwetter bringen, und der Sommer bringt Maggie zurück. Komm bald wieder. In Liebe, Rob

Maggie war am Mittwoch in Little Bear Lake eingetroffen. Das war erst fünf Tage her, und doch war schon so vieles geschehen. Das Wichtigste war die traurige Nachricht von Robert Flaubert.

Wie konnte sie ihn vergessen? Wie sollte sie ihn je loslassen können, wenn sie nicht seine Luft atmete, an seinem See saß, seinen Eistauchern zuhörte, um sich dann, hoffentlich, für immer von ihm zu verabschieden? Und vielleicht würde sie in diesem Prozeß herausfinden, wer sie war und was sie wollte. Würde sie für den Rest ihres Lebens Professorin für Vergleichende Literaturwissenschaft bleiben? Oder würde sie wie Miss Kitty in *»Rauchende Colts«* Nacht für Nacht in der Bar an der Theke stehen und darauf warten, daß Matt Dillon sie endlich küßte? Aber Robbie würde sie nie wieder küssen. Robbie war fort, so wie die Wanderfalken, und er würde nie wieder zurückkommen.

Sie und Gil und Maudy hatten einen Vertrag gemacht, und sobald die Banken Maggies Vermögensnachweis akzeptierten, gehörte das HARVEST MOON ihr. Da Gil und Maudy bis zuletzt immer alle anfallenden Reparaturen durchgeführt und sogar danach noch regelmäßig nach dem Rechten gesehen hatten, war das Haus in einem ziemlich guten Zustand. Die nötigen Renovierungsarbeiten waren hauptsächlich kosmetischer Natur, erforderten jedoch einen ziemlichen Aufwand, da Maggie den großen Eröffnungsball für den 23. September geplant hatte, einen Samstag, auf den in diesem Jahr die Tagundnachtgleiche fiel. Das war günstig. Der große Herbstball hatte immer an einem Samstag stattgefunden, was bedeutete, daß das Fest nicht immer mit der Tagundnachtgleiche zusammengefallen war. Aber in diesem Jahr, 1995, fiel er auf einen Samstag. Es würde eine Vollmondnacht sein. Mit

Gils Segen hatte Maggie eine Anzeige aufgegeben, in der sie nach einer Art Mädchen für alles suchte, jemandem, der die Renovierungsarbeiten koordinieren, Holz bestellen und entscheiden konnte, welche Reparaturen notwendig waren. Und dann, wenn die Arbeiten erledigt waren, könnte er als Hausmeister und Mädchen für alles im MOON bleiben. Die Anzeige sollte in der LITTLE BEAR WEEKLY erscheinen, die am Dienstag in Druck gehen und ab Mittwoch mittag an den Kiosken verkauft werden würde. Unterdessen mußte sie ihr Privatleben in Ordnung bringen. Sie hatte ihr Auto in St. Louis verkauft, also kaufte sie sich kurzentschlossen ein neues, einen kleinen grünen Firebird, genau das richtige für ihre Bedürfnisse. Dann, weil Maggie möglichst bald aus dem engen, muffigen Motelzimmer ausziehen wollte, hatten sie und Claire angefangen, die kleine Wohnung im ersten Stock zu renovieren. Es schien, als ob eine Woche Arbeit ausreichen müßte. Maggie hatte sogar in dem kleinen Teppichladen in Coreyville angerufen und neue Teppiche und Vorhänge bestellt, die, da das Geschäft im Herbst und Winter eher spärlich lief, prompt geliefert wurden. Ihre Bücher brachte Maggie in einem kleinen antiken Bücherregal unter, das sie in einem der vielen Antiquitätenläden in Coreyville und Fort Wallace erstanden hatte. Sie kaufte ein paar schöne gerahmte Drucke – Manet, Monet, Degas, Pissarro – und hängte sie in ihrer kleinen Zweizimmerwohnung auf. Als Gil und Maudy noch hier wohnten, war das zweite, winzige Zimmer den Sommer über Maggies Schlafzimmer gewesen. Jetzt richtete sie sich hier ein kleines Arbeitszimmer ein. Sie kaufte einen Schreibtisch aus Kirschholz und ein paar Lampen und einen dicken Perserteppich und machte es sich in der kleinen Wohnung so gemütlich wie möglich. Wie oft war sie damals im Dunkeln aus dem Bett aufgestanden und hatte, während Gil nebenan bei seiner Frau schnarchte, vom Fenster aus zu der kleinen Bucht mit dem Steg hinübergestarrt, der nur eine Viertelmeile entfernt auf sie wartete. Das waren die Nächte gewesen, in denen sie nach der Arbeit zu müde gewesen war, um sich noch mit Robbie zu treffen, und so war sie erschöpft hinauf in ihr Zimmer gegangen und hatte sich ins Bett gelegt, nur um mitten in der Nacht auf unerklärliche Weise aufzuwachen, weil sie irgendwie spürte, daß er an ihrer geheimen Stelle auf sie wartete und zu ihr herüberschaute. Und dann schob sie die verschwitzten Laken weg, schlüpfte aus dem Bett und trat ans Fenster, wo die leichte Brise, die vom See her wehte, den Schweißfilm auf ihrer Haut abkühlte und sie eine Gänsehaut bekam. Doch sie blieb am Fenster stehen, bis der Wind die leisen Klänge aus Robbies Autoradio zu ihr herübertrug, die Hits, die er so sehr liebte. Und manchmal, wenn der Mond hell genug schien, konnte sie sogar seine Umrisse auf dem kleinen Steg ausmachen. Einmal durchzuckte ein Blitz den Himmel, und sein Licht traf auch Robbie, den jungen Mann, der Maggie liebte, der den See und die Bäume und den Himmel liebte, der dieses Fleckchen Erde so sehr liebte, daß er jede Sekunde seines Lebens dort verbringen wollte. Ein Mann voller Leidenschaft für die Natur, dieser Robert Flaubert. *Man kann auch zuviel Zeit auf dem See verbringen,* hatte Maggie ihn oft aufgezogen. *Nein, das stimmt nicht,* hatte er jedesmal erwidert. Und jetzt war Maggie in diese kleine Wohnung zurückgekehrt, füllte sie mit Bildern und Büchern, an denen ihr Herz hing, und der Wind würde keine Musik mehr von dem kleinen Steg zu ihr herübertragen.

Am ersten Tag ihrer Rückkehr an den See, nachdem sie beschlossen hatte, das MOON zu kaufen, hatte sie auf der Veranda gestanden und zu der Stelle hinübergeschaut, wo der kleine Steg gewesen war. Er war immer noch dort, hatte die ganze Zeit überdauert, wurde immer noch von den Wellen des Sees umspült. Aber sie brachte es nicht fertig, hinzugehen. Noch nicht. Wenn sie von ihrem alten Schlafzimmerfenster aus dort hinüberschaute, von dem Fenster, das jetzt zu ihrem Arbeitszimmer gehörte, war die Erinnerung immer noch zu schmerzlich. Die Zeit war einfach noch nicht reif. Also machte sie sich daran, sich in der kleinen Wohnung über dem MOON einzurichten, und hoffte, daß der Tanzschuppen rechtzeitig für den großen Eröffnungsball fertig werden würde.

Am Dienstag abend waren Maggie und Claire mit der kleinen Wohnung zufrieden. Ein paar Topfpflanzen aus der Gärtnerei in Coreyville verbreiteten eine wohnliche Atmosphäre, und Maggie konnte einziehen. Nachdem Claire gegangen war, todmüde und froh, endlich ins Bett zu kommen, zündete Maggie Duftkerzen an, ließ heißes Wasser in die Wanne laufen und versank wohlig erschöpft in duftendem Schaum. Anschließend holte sie ihren Lieblingsflanellschlafanzug hervor und zog ihn an. Die Abende wurden bereits kühl, doch sie beschloß, das Fenster offenzulassen, um das leise Plätschern des Sees zu hören. Zumindest so lange, bis sie zu müde wurde, um zu lesen. Vor dem Einschlafen würde sie es schließen. Doch es kam nicht dazu. Sie mußte gegen elf eingenickt sein, denn es war schon fast ein Uhr früh, als sie aufwachte. Ihr Buch lag offen auf ihrer Brust, und vom See her war die Kühle in das kleine Zimmer gekrochen. Und da hörte sie sie, die Musik, die vom See her kam. Maggie lief ein eiskalter Schauer über den Rücken, an ihrem Rückgrat entlang und über ihre Arme, ein erregendes Prickeln. Musik, die vom See her kam! Sie trat ans Fenster, und da, als sie ihr Ohr gegen das Fliegengitter drückte, hörte sie sie wieder. Leise, geisterhafte Musik, die der Wind zu ihr herüberwehte. Es klang wie Popmusik. Ihr Herz klopfte wie wild, so unheimlich war es ihr, mitten in der Nacht von der Musik vergangener Tage geweckt zu werden, von Robbie und seiner Musik. Dann wurde sie ärgerlich. Wer spielte um diese Zeit Musik? Doch der Ärger war schnell verflogen, und sie lächelte amüsiert. Wie viele Vierzig- und Fünfzigjährige mochten damals, in all den längst vergangenen Sommernächten, die Fenster ihrer Ferienhäuser geöffnet und sich über Robbies Radiogedudel geärgert haben? Alles eine Frage der Perspektive. Sie schloß das Fenster, doch ihr war das Herz so schwer, daß sie während der Nacht immer wieder aufwachte. Erst als über dem See der Morgen graute und das erste fahle Tageslicht in ihr Zimmer fiel, schlief Maggie tief und fest ein.

Um zehn Uhr klingelte das Telefon und weckte sie auf. Eigentlich hatte sie vorgehabt, um sieben Uhr aufzustehen und um acht mit der Arbeit anzufangen! Sie stolperte in die winzige Küche und tat Kaffeepulver in die Kaffeemaschine. Während der Kaffee durchlief, wusch sie sich hastig das Gesicht und putzte sich die Zähne. Dann ging sie in ihr Arbeitszimmer und hörte den Anrufbeantworter ab. Es war Claire. »Ruf mich auf der Stelle zurück, wenn du diese Nachricht abhörst!« hatte Claire gesagt. »Du wirst nicht glauben, wen ich gerade getroffen hab. Wo steckst du bloß? Okay, ruf mich an. Es ist dringend.« Dann war ein Klicken zu hören. Maggie ging zurück in die Küche, um ihre erste Tasse Kaffee zu trinken. Als sie gerade wieder ins Arbeitszimmer gehen wollte, um Claire anzurufen, hörte sie einen Wagen. Aus dem Küchenfenster sah sie einen dunkelgrünen Pick-up, der gerade in die Einfahrt bog. Claire würde sich noch ein paar Minuten gedulden müssen. Außerdem neigte

Claire sowieso dazu, alles zu dramatisieren. Maggie ging die Treppe hinunter, die zu ihrer kleinen Wohnung führte. Sie hörte, wie die Tür des Pick-up zugeschlagen wurde. Sie ging um das Haus herum auf die Einfahrt zu und blieb wie angewurzelt stehen. Die Kaffeetasse fiel ihr aus der Hand, und der heiße Kaffee breitete sich auf dem Boden zu einer Lache aus. Maggie spürte, wie die Welt sich unter ihr drehte, wie alles, was ihr vertraut war, sich aufzulösen begann.

»Ich schlafe noch«, flüsterte sie. »Ich schlafe noch, und das ist ein böser Traum.« Vor ihr stand Robert Flaubert. Robbie. Er lächelte, und Maggie spürte einen Schrei in ihrer Kehle aufsteigen, einen Schmerzensschrei, einen Schrei des Entzückens. *Robbie, geliebter Robbie*. Er bückte sich gerade, um die Scherben der Kaffeetasse aufzusammeln.

»Hab ich dich erschreckt?« fragte er. Maggie brachte keinen Ton heraus. Es war Robbies Lächeln. Es war Robbies Stimme, seine braunen Augen, die so dunkel waren, daß sie fast schwarz aussahen. Es war sein schwarzes, seidiges Haar, das etwas länger gewachsen war und seinen Hemdkragen berührte. Robbie in verwaschenen Jeans und Cowboystiefeln. »Ich bin wegen der Stellenanzeige gekommen.« Robbies langer, schlanker Körper. Doch es war der Robbie, wie sie ihn all die Jahre in Erinnerung gehabt hatte. Das konnte nicht der Mann sein, der im Alter von sechsundvierzig Jahren an einem Herzinfarkt gestorben war. Und dann wußte sie es plötzlich. »Ich bin Eliot«, sagte er und reichte ihr die Hand. »Eliot Flaubert.« Eine ganze Weile sagte sie überhaupt nichts. Das war Robbies Sohn, sein Ebenbild, dieser gutaussehende junge Mann war Robbies Fleisch und Blut. Fleisch von seinem Fleisch. *Er hat seinen Sohn Eliot getauft!* Dieser Gedanke raste ihr immer wieder durch den Kopf. *Er hat seinen Sohn Eliot getauft.* Wie oft hatten sie an langen Abenden überlegt, welche Namen sie den Kindern geben würden, die sie einmal haben wollten. *Wenn es ein Mädchen wird, nennen wir sie Robbie Junior, damit sie stark und zäh wird. Und wenn es ein Junge wird, nennen wir ihn Eliot, nach deinem Lieblingsdichter. Denn mit einem Namen wie Eliot wird er lernen, stark und zäh zu sein.* Maggie stand da wie elektrisiert, starrte den jungen Mann an, immer noch sprachlos, und hielt sich eine Hand über die Augen, um sie gegen die Sonne zu schützen.

»Eliot?« fragte sie schließlich mit weichen Knien, und er nickte. Und Maggie mußte plötzlich an all die Nächte denken, in denen sie und Robbie in seinem Pick-up durch die Wälder gefahren waren, eine Flasche Wein zwischen den Knien und den Wind in den Haaren, wie sie T. S. Eliot, ihren Lieblingsdichter zitiert hatte. *Komm, wir gehen, du und ich, Wenn der Abend ausgestreckt ist am Himmelsstrich.* Sie und Robbie waren in seinem alten Pick-up der Sonne nachgefahren, waren über die Waldwege gerast, das Radio voll aufgedreht. Und dann hatten sie schweigend am Ufer des Sees gesessen, hatten auf das Plätschern des Wassers gelauscht, und Robbies kühle Hände waren unter ihre Bluse geschlüpft und hatten sich über ihre warmen Brüste gelegt. *Komm, wir gehn durch halbentleerte Straßen fort, Den dumpfen Zufluchtsort Ruhlos-verworfner Nächte in Kaschemmen.* »Ich will jetzt nichts von Mr. Eliot hören«, flüsterte Robbie, während seine warmen Lippen ihren Hals sanft wie eine Feder streiften und das wilde Geschrei der Nachtvögel in der Dunkelheit um sie herum erklang und das Blut in ihren Venen raste, als er seine Jeans herunterschob und mit den Füßen abschüttelte, als er sich das Hemd vom Leib riß, während sie ihren Schlüpfer abstreifte und ihren Rock hochschob. Baumwollstoff auf nackter Haut. In diesem Augenblick dachte keiner von ihnen mehr an Mr. T.S. Eliot. Und dann spürte sie, wie er in sie eindrang, wie er sie in den mit Kunstleder bezogenen Sitz drückte, während sie sich bemühte, ihm nicht mit ihren Fingernägeln den Rücken zu zerkratzen. Und dann das Feuer, das in ihren Eingeweiden und in ihren Schenkeln brannte, ein Feuer, das sie mit Joe nie erlebt hatte. *Ich will weiße Flanellhosen tragen und wandern am blauen Meer. Ich hörte die Meermädchen singen, hin und her.* Er hatte seinen Sohn Eliot getauft. »Eliot?« sagte sie noch einmal, und er nickte.

»Ich hab dich ja gehörig erschreckt«, sagte er. »Tut mir leid. Ich nehme an, du bist noch nicht an Besucher gewöhnt, zumal du noch gar nicht geöffnet hast.« Und dann lächelte er, Robbies Lächeln, das schiefe Lächeln, das bedeutete, daß er es nur halb ernst meinte. »Ich hoffe, daß der Job noch zu haben ist, der Job für das Mädchen für alles.«

Maggie nickte.

»Er ist noch zu haben«, sagte sie. Und dann fiel ihr etwas auf. »Woher hast du von dem Job gewußt? Die Zeitung kommt doch erst heute mittag heraus.«

Eliot legte die Scherben an die Seite der Einfahrt und wischte sich die Hände an seinen Jeans ab. Er war vielleicht ein kleines Stückchen größer als sein Vater. Maggie schätzte ihn auf einen Meter sechsundachtzig. Robbie war genau einsachtzig groß gewesen.

»Ich habe vor etwa einer Stunde eine alte Freundin meines Vaters getroffen«, sagte er. »Sie hat mir davon erzählt.«

»Claire?« fragte Maggie, und Eliot nickte. Maggie fiel die Nachricht auf dem Anrufbeantworter ein. *Ruf mich auf der Stelle zurück, wenn du diese Nachricht abhörst. Du wirst nicht glauben, wen ich getroffen hab. Es ist dringend.*

»Sie hat mir erzählt, du seist auch mit ihm befreundet gewesen«, fuhr Eliot fort. »Und daß ihr drei viel Spaß miteinander gehabt habt.«

Maggie erholte sich allmählich von dem Schock – sie würde Claire den Hals umdrehen –, zumindest genug, um Eliot die Hand zu reichen. Er nahm ihre Hand in seine, große, kräftige Hände, wie Robbies, starke Hände, die ein Kanu über eine lange

Portage tragen konnten, Hände, die von Generationen von Holzfällern und Pionieren vererbt worden waren. Und doch fühlte die Haut sich in Maggies Hand so weich wie Hirschleder an.

»Wir waren dicke Freunde«, sagte Maggie. »Und wir vermissen deinen Vater sehr. Ich hatte gehofft, ihn wiederzusehen. Ich wußte nicht, daß ...« Sie brach ab. Eliot hatte angefangen, von einem Fuß auf den anderen zu treten, und die Scherben der Kaffeetasse klirrten, als er mit der Stiefelspitze dagegenstieß. Maggie spürte, daß sie eine empfindliche Stelle getroffen hatte. »Wenn ich gewußt hätte, daß du auf Jobsuche bist«, sagte sie, um das Thema zu wechseln, »hätte ich mir das Geld für die Anzeige sparen können.«

Eliot grinste. »Was nimmt Ed denn heutzutage?« fragte er. »Zwei Dollar? Oder ist er teurer geworden?«

Maggie lachte. »Da siehst du mal, wie dringend ich ein Mädchen für alles brauche«, sagte sie. »Ed muß sofort gemerkt haben, was ich für eine Stadtpflanze bin. Er hat mir fünf Dollar abgeknöpft.«

Wieder erschien das schiefe Lächeln auf Eliots Gesicht, und seine dunklen Augen funkelten.

»Das holst du im nächsten Sommer leicht wieder raus«, sagte er. »Ed pflanzt immer zu viele Gurken und Tomaten an. Wenn er den Leuten zuviel Geld abnimmt, dann warten sie einfach, bis die Tomaten reif sind, und gehen auf ein Schwätzchen zu Ed rüber. Allein an Salat kriegst du das wieder zurück.« Maggie wurde warm ums Herz, während sie in ihren alten Jeans und mit nackten Füßen dastand und mit Eliot plauderte. Das war Robbie, wie er leibte und lebte. *Robbie lebte.* Er musterte sie, und Maggie wurde klar, daß sie wie eine Verrückte auf ihn wirken mußte. Hatte sie sich überhaupt die Haare gebürstet? Sie hob die Hand und stellte fest, daß sie ihr Haar auf dem Weg die Treppe hinunter zu einem Pferdeschwanz zusammengebunden hatte. Und ihr Sweatshirt war voller Flecken von der blauen Farbe, mit der sie ihr winziges Badezimmer gestrichen hatte. Wie mußte sie aussehen, so abgerissen und ohne Make-up? Und zu allem Überfluß auch noch ohne *Schuhe.* Doch Eliot schien ihre Aufmachung zu gefallen. »Claire sagt, du entwickelst dich zu einer richtigen Landfrau«, meinte er. »Das ist hier in Little Bear ein Kompliment, wenn man bedenkt, was du für eine Großstadtpflanze bist.«

»Na ja«, sagte Maggie. »Sogar in Boston war ich als wilde Pfadfinderin verschrien. Du hast den Job, Eliot. Möchtest du zur Begrüßung eine Tasse Kaffee?«

Er schüttelte den Kopf und lächelte noch einmal sein schiefes Lächeln. »Bist du verrückt?« sagte er. »Ich kann doch nicht den ganzen Tag lang hier rumstehen und Kaffee trinken. Die Arbeit wartet. Claire sagt, du willst den Laden zum Herbstvollmond eröffnen.« Damit drehte er sich um und ging zu seinem Pick-up zurück. Sein langer, schlanker Körper bewegte sich mit derselben lässigen Sicherheit, wie Maggie es von Robbie kannte. Er lehnte sich aus dem Seitenfenster und rief Maggie zu: »Ist es in Ordnung, wenn ich in Baley's Eisenwarenladen und in der Sägemühle für dich anschreiben lasse?«

Maggie nickte. Und dann stand sie da, auf ihren nackten Füßen, wünschte, sie hätte mit ihm eine Tasse Kaffee trinken können, und sah dem grünen Pick-up hinterher, der eine große Staubwolke hinter sich aufwirbelte.

30. November 1967
Little Bear Lake

Hier ist eine »Liste der am häufigsten gespielten Songs auf Gil Clarkes weltberühmter Musikbox«. Natürlich ist sie das Ergebnis meines eigenen endlosen Nachschubs an Vierteldollarmünzen. Und inzwischen hab ich Maudy auch schon soweit gebracht, daß sie die Songs spielt, weil sie sie »an die guten alten Zeiten« erinnern, alle, außer den »Doors«, die sie nicht ausstehen kann. »Das ist mir zu obszön«, sagt sie immer. »Musik ist zeitlos«, sage ich ihr. »Zoten sind unvergänglich.« Vielleicht läßt sie sich eines Tages noch überzeugen. Es erübrigt sich zu erwähnen, daß ich die Platten extra in Coreyville bestellen mußte, alle außer den »Doors«. Ich werde mich bemühen, sie bis zum nächsten Sommer nicht abzunudeln, damit Du sie auch noch hören kannst.

1. »*Blue Moon*« (Junge sucht Mädchen)
2. »*Some Enchanted Evening*« (Junge trifft Mädchen)
3. »*Stranger in Paradise*« (Junge verliebt sich in Mädchen)
4. »*You Send Me*« (Es wird ernst)
5. »*Light My Fire*« (Richtig ernst)

»Diese Platten willst du für die Musikbox bestellen?« fragte Claire. Sie war eine Liste durchgegangen, die Maggie zusammengestellt hatte, eine Liste mit den Dingen, die noch besorgt werden mußten. Jetzt starrte sie Maggie mit hochgezogenen Augenbrauen an und wartete.

»Ganz genau«, sagte Maggie. »Hast du was dagegen?« Dann widmete sie sich wieder dem Lackieren der Regale hinter der Theke. Sie konnte hören, wie Eliot draußen zwei Dachdeckern, die er angeheuert hatte, um eine schadhafte Stelle im Dach auszubessern, Anweisungen gab. Alles in allem sah das MOON allmählich wie neu aus, tadellos, wie nach einer Verjüngungskur. Gil und Maudy hatten am frühen Morgen kurz vorbeigeschaut, um die Fortschritte zu begutachten, und waren strahlend abgezogen. »Es ist fast wieder wie früher«, hatte Maudy gesagt. »Jetzt wo ihr Kinder wieder da seid.« Darüber hatte Claire herzlich gelacht. »Wir gehen hart auf die Fünfzig zu, Maudy«, sagte sie. »Wir fallen wohl kaum unter die Rubrik Kinder.« Aber Maudy ließ sich nicht beirren. »Trotzdem«, sagte sie, »heutzutage kommt fünfzig mir regelrecht jung vor, und wenn ich all das Treiben hier sehe und Eliot mit dabei und alles, na, dann ist es wirklich wie früher.« Und dann waren sie und Gil in ihren Wagen geklettert und davongefahren.

»Ich finde nur, daß das eine ziemlich ungewöhnliche Zusammenstellung ist«, sagte Claire. »Ich meine *»Blue Moon«* von den Marcels? *»You Send Me«*

von Sam Cooke, »*Some Enchanted Evening*« von Ezio Pinza? »*Stranger in Paradise*« von Tony Bennett? Das sind nicht gerade die neuesten Hits.«

Maggie unterbrach ihre Arbeit und sah Claire an. »Weißt du noch, wie Gil die Leute ermunterte, ihre eigenen Lieblingsplatten zu bestellen, damit sie sich freuten, wenn die Songs auf der Musikbox liefen?« fragte sie. Claire nickte. »Das Gefühl möchte ich unseren Gästen auch geben. Für aktuelle Musik ist dann immer noch jede Menge Platz.« Claire faltete den Zettel mit der Liste zusammen und steckte ihn in ihre Jackentasche. Sie sagte nichts, und Maggie hoffte, das Thema sei damit erledigt. Doch das war es nicht. Claire räusperte sich, ein bißchen zu laut, wie es Maggie schien.

»Maggie, Liebes«, sagte sie, »bist du sicher, daß du dir das antun willst? Glaubst du etwa, ich wüßte nicht, daß das die Liste von Robbies Lieblingsstücken von damals ist, als ihr euch kennengelernt habt? Ich mußte mir Robbies Songs hier in diesem Laden so oft anhören, daß ich sämtliche Texte auswendig kenne, sogar heute noch. Und ich kann dir auch sagen, welche Songs er gespielt hat, als er erfahren hatte, daß du nicht mehr zurückkommen würdest. Aber was würde dir das bringen? Und wie wird es dir gehen, wenn du all die alten Stücke wieder hörst, ausgerechnet hier im MOON?«

Maggie tat den Deckel auf die Lackdose. Wenn die Regale trocken waren, würde sie sie mit Gläsern füllen. »Wo soll ich sie mir denn sonst anhören?« fragte sie. »Außerdem ist das nur seine Liste von 1967. Es hätte schlimmer sein können. Er hat mir auch die Liste für 1968 und 1969 geschickt.«

»Aber warum willst du dir das antun?« fragte Claire. »Wieso willst du dich damit quälen? Ist es nicht schon schlimm genug, daß wir uns mit all den Erinnerungen an das MOON herumplagen müssen? Und jetzt läuft auch noch Eliot hier herum wie ein verdammter Geist. Warum willst du es noch schlimmer machen?«

»Kommst du nicht zu spät?« fragte Maggie. »Ich dachte, du hättest einen Friseurtermin. Ach ja, und sag den Leuten bei Radio Shack, daß sie die Platten per Federal Express liefern lassen sollen, egal, was es kostet.« Sie sah Claire herausfordernd an, die nur die Augenbrauen hochzog und den Kopf schüttelte. Kurz bevor sie durch die Tür verschwand, rief Maggie ihr nach. Claire drehte sich um und wartete.

»Wenn sie *»Some Enchanted Evening«* von Ezio Pinza nicht bekommen können, sag ihnen, ich würde auch die Version von Jay & the Americans nehmen.« Wahrscheinlich zog Claire wieder die Augenbrauen hoch, doch Maggie wandte sich ab, bevor sie es sehen konnte. Sie hörte, wie Claire draußen etwas zu Eliot sagte, und dann, wie ihr Wagen losfuhr. Vielleicht hatte Claire recht. Vielleicht sollte sie das Messer nicht so tief in die Wunde drücken, aber indem sie Abend für Abend Robbies

Briefe gelesen hatte, war alles wieder lebendig geworden. Wie konnte sie Claire sagen: *Ich will es noch einmal so genau wie möglich nachempfinden. Es ist für mich die einzige Möglichkeit, darüber hinwegzukommen.* Über ihn hinwegzukommen. Schließlich war dies die Reise, zu der sie sich aufgemacht hatte, diese Reise in die Vergangenheit, diese Exkursion in die Vorzeit. Und wenn sie dabei einige Blessuren davontrug, dann war das eben so, das war das Risiko, das sie eingehen mußte.

»Ich möchte dir was zeigen«, hörte sie Eliot von der Tür aus sagen. Sie drehte sich langsam um, um ihn anzusehen. Seit fünf Tagen, seit er in ihr Leben getreten war, brachte sie es nicht fertig, sich schnell nach ihm umzudrehen, denn wenn sie das täte, würde ihr die Luft wegbleiben, und sie würde kein Wort herausbringen, bis sie den Schock, Robbie in ihm zu sehen, überwunden haben würde. Jedesmal, wenn Eliot auf sie zukam, um sie etwas zu fragen oder sie über etwas zu informieren, das repariert werden mußte, wandte sie sich ihm ganz langsam zu. Sie drehte sich langsam um, während sie sich sagte: *Das ist Eliot. Das ist nicht Rob. Es ist Eliot.*

»Was denn?« fragte Maggie. Sie trocknete sich die Hände am Barhandtuch ab und warf es auf die Theke. Eliot trug verwaschene Jeans und ein schwarzes T-Shirt. In allem war er Robbie so ähnlich. Und auch die Art, wie er seine Arbeit tat, ruhig und perfekt, war Robbies Art. Manchmal kam Maggie sich vor wie in einer wissenschaftlichen Studie, wie die ältere Frau, die Gelegenheit bekommt, den jungen Robert Flaubert zu beobachten, zu analysieren. Schon vor Jahren hatte sie gewußt, daß er etwas Besonderes war. Doch erst als erwachsene Frau mit einer guten Portion Lebenserfahrung hatte sie erkannt, daß er mehr als etwas Besonderes war. Er war eine Art Einhorn in den tiefen kanadischen Wäldern. Wie außergewöhnlich er gewesen war, wurde ihr mit jedem Tag, an dem sie seinen ebenso außergewöhnlichen Sohn beobachtete, deutlicher. Doch sie beobachtete ihn aus sicherer Entfernung, hielt Eliot auf Abstand, indem sie es meistens Claire überließ, die notwendigen Arbeiten mit ihm zu besprechen. So sehr sie sich danach sehnen mochte, Roberts Sohn näher kennenzulernen, so hatte sie doch einen nahezu sichtbaren Graben zwischen ihm und sich entstehen lassen. Nicht nur, daß er sie ständig an seinen Vater erinnerte. Da war noch etwas, das sie beunruhigte: Eliot schien sie zu kennen, er legte im Umgang mit ihr eine solche Vertrautheit an den Tag, daß man hätte meinen können, sie würden sich schon seit Jahren kennen. Und in beiläufigen Gesprächen in den ersten Tagen, ungezwungene Gelegenheiten, wenn die ganze Bande – Eliot, Maudy, Gil, Claire und Maggie – beim Streichen und Hämmern und Fegen miteinander gescherzt hatte, hatte Eliot sie immer wieder mit Bemerkungen verblüfft. Einmal, als Maudy auf Gil eingeredet hatte, er solle sie wenigstens ein einziges Mal, bevor sie starb, nach Toronto in die Oper begleiten, hatte Maggie Maudys Partei ergriffen. »Das solltest du wirklich tun, Gil«, hatte sie gedrängt. »Wieso?« hatte Eliot gefragt. »Du kannst Opern doch nicht ausstehen.« Als Maggie sich erkundigt hatte, woher er das wisse, hatte er die Achseln gezuckt. »War nur so'n Gefühl«, hatte er erwidert. Und dann war da das Kleid gewesen, das Maggie Claire mitgegeben hatte, um es in Coreyville in die Reinigung zu bringen. Eliot war gerade hereingekommen, um ein Glas Wasser zu trinken, als Claire sich das Kleid über den Arm gelegt hatte. »Blau«, hatte Eliot bemerkt, »deine Lieblingsfarbe.« Wieder hatte Maggie gefragt, woher er das wissen wolle. »Weil du blaue Augen hast«, hatte er erklärt. »Ganz einfach.« Als Claire eine beiläufige Bemerkung über etwas gemacht hatte, das ihrer Meinung nach *genauso überbewertet wurde wie Shakespeare*, hatte Eliot einen Finger an seine Lippen gelegt. »Vorsicht«, sagte er zu Claire. »Das ist Maggies Favorit.« Maggie hatte darüber nachgedacht. Es war Keats, der T. S. Eliot als Maggies Lieblingsdichter abgelöst hatte. Doch sie hatte immer den Standpunkt vertreten, daß Shakespeare der beste Dichter aller Zeiten war. Er stand über ihrer Nummer eins, in einer Sphäre, die er mit keinem anderen Dichter teilte. Das hatte sie über die Jahre in Diskussionen mit Freunden und Studenten immer wieder betont. Doch sie konnte sich nicht erinnern, es jemals Eliot gegen-über erwähnt zu haben. »Du bist eben Professorin für Literatur«, hatte er auf ihre Frage hin geantwortet. »Sind die nicht alle dieser Meinung?« Na ja, möglicherweise war das so.

»Was willst du mir denn zeigen?« fragte sie, als Eliot an den Türrahmen gelehnt auf sie wartete.

»Es ist eine Überraschung«, sagte er. »Komm und sieh's dir an.« Nebeneinander gingen sie die breite Einfahrt hinunter, die zum MOON führte. Es war ein herrlicher Septembermorgen. Von der anderen Seite der Straße her, wo sich eine kleine Wiese vor dem dichten Wald erstreckte, rief eine Krähe aus einem hohen Baum. Über dem See kurvten ein paar Möwen kreischend am blauen Himmel. Eichhörnchen flitzten über den Boden und sammelten Nüsse für den Winter. Die Goldrute stand in voller Blüte, und die Blätter an den Bäumen hatten angefangen, die Farbe zu wechseln, und leuchteten in satten Rot- und Orangetönen. Das war die Natur in ihrer schönsten Pracht. Ein lebendes, atmendes Fleckchen Erde, das sich auf den Winter vorbereitete, auf den langen, weißen Kampf, und Robbie war Teil dieser Erde, Teil des Wassers, des Himmels und der Bäume. Robert Flaubert war überall.

»Da«, sagte Eliot und streckte die Hand aus. Sie waren am Ende des Weges stehengeblieben, an der Einfahrt zum MOON. Maggie lächelte.

»O Eliot«, sagte sie. »Wie schön.«

»Ich dachte, es wäre nett, die Mauer wieder so herzurichten, wie sie früher war«, sagte er. »Auf dieser Mauer hab ich immer gespielt. Als ich noch klein war, dachte ich, sie wäre drei Meter hoch.«

Maggie nickte. Er hatte die niedrige, etwa einen Meter hohe Feldsteinmauer, die früher einmal die Vorderseite des Grundstücks gesäumt hatte, wieder aufgebaut. Viele der Steine waren aus der Mauer gebrochen und hatten, mit Moos bedeckt, im Gras verstreut gelegen. Eliot hatte sie alle eingesammelt, gesäubert und wieder eingesetzt, und jetzt sah die Mauer wieder genauso aus wie damals, als Maggie an einem Tag im Juni 1967 vorgefahren war, bewaffnet mit einem grob gezeichneten Lageplan, den ihre Tante Rachel angefertigt hatte. Und sie hatte in ihrem kleinen blauen Käfer gesessen und über die Mauer hinweg auf das HARVEST MOON gestarrt, ein riesiges, üppiges Geschöpf, das sich ans Ufer des blauesten Sees schmiegte, den Margaret Ann Patterson je gesehen hatte: BUFFET, COCKTAILS & TANZ. Die kleine Steinmauer war wieder da.

»Danke, Eliot«, sagte sie, und dann wandte sie sich ihm langsam zu, den Schrei in ihrer Kehle unterdrückend. Schweiß stand ihm auf der Stirn, kleine, glitzernde Schweißperlen, und beinahe hätte sie eine Hand ausgestreckt und sie weggewischt. Doch dann war sie wieder in der Gegenwart. »Sie sieht aus wie neu«, sagte sie. Er nickte.

»Aus einem der Löcher mußte ich ein Vogelnest entfernen«, erzählte er ihr. »Aber es war schon verlassen, ich denke also, es war in Ordnung.« Maggie lächelte. Robbie hatte früher angehalten, um kleine Frösche nicht zu überfahren, die die Straße überquerten, um große Motten nicht zu töten, die auf seine Scheinwerfer zuflogen, um Schlangen den Vortritt zu lassen, die über den Asphalt glitten. *Sie alle wollen leben*, hatte er immer gesagt. *Woher nehme ich das Recht zu entscheiden, daß ihre Zeit abgelaufen ist?*

»Ich weiß, was du meinst«, sagte Maggie. »Claire hat die Schwalbennester unter dem Dach runtergeschlagen, ohne vorher mit mir darüber zu sprechen. Wahrscheinlich hätte ich sie nicht dort lassen können, aber ich hätte mir gern überlegt, was man mit ihnen hätte machen können. Da steckt soviel Arbeit drin. Das sind richtige architektonische Kunstwerke.« Eliot schien ihr aufmerksam zuzuhören.

»Wußtest du eigentlich«, fragte er, »daß die Leute im achtzehnten Jahrhundert glaubten, Schwalben würden auf dem Grund von Seen überwintern? Wie sonst sollten sie den Winter überleben, wenn all die Insekten, von denen sie sich ernährten, entweder tot waren oder Winterschlaf hielten? Kein Mensch konnte sich vorstellen, daß sie über elftausend Kilometer weit fliegen könnten, bis nach Chile und Brasilien und Argentinien. Wenn ich sie im Frühjahr zurückkommen sehe, stelle ich mir all die Dinge und Orte vor, die sie auf ihrer Reise gesehen haben und die ich niemals sehen werde.« Maggie konnte es nicht länger ertragen, ihm zuzuhören. Das war Robbie, der ihr von der Natur erzählte, der ihr die Welt erklärte. *Wenn wir nicht alles, was wir können, über Mutter Erde lernen*, hatte er immer gesagt, *wie sollen wir sie dann beschützen und für die kommenden Generationen erhalten?* Das war Robert Flaubert, der ihr einen Vortrag über Schwalben hielt.

»Nochmals vielen Dank, Eliot«, sagte Maggie. »Es war eine wunderbare Idee, die Mauer zu reparieren.« Und dann wandte sie sich zum Gehen. Sie wußte, daß er noch länger mit ihr hatte reden wollen, von Anfang an hatte sie gespürt, daß er ihre Nähe suchte. Vielleicht wußte er von ihr und seinem Vater. Claire hatte es ihm nicht erzählt, aber was war mit Robbie? Konnte es daher kommen, daß Eliot soviel über sie zu wissen schien? Und wollte er in ihr seinen Vater finden, so wie sie ihn in ihm fand? Langsam ging Maggie über die lange Einfahrt zurück zum MOON.

»Warte, bis Maudy die Mauer erst sieht!« rief er ihr nach. »Dann wird sie mich für das Amt des Bürgermeisters vorschlagen!« Maggie blieb auf halbem Weg zum Haus stehen und wandte sich um. In der Herbstsonne glänzte sein schwarzes Haar wie Krähengefieder. Er saß auf der Mauer, die Beine über Kreuz vor sich ausgestreckt und das schiefe Lächeln im Gesicht. Auch wenn sich ihre Wege auf irgendeinem x-beliebigen Flughafen, in irgendeinem dezent beleuchteten Restaurant, mitten in einer überfüllten U-Bahnstation gekreuzt hätten, hätte sie gewußt, daß er Robert Flauberts Sohn war. Sie brauchte nicht die Ufer des Kleinen Bärensees, um zu wissen, daß dies Robbies Fleisch und Blut war. Sie wußte es, weil sie wußte, daß man das Blut seiner Vorfahren in den Adern hat. Man kann es nicht sehen, aber es ist da. In unseren Knochen haben wir ihr Knochenmark, und diese Knochen sind mit Haut überzogen, deren Zellen von ihnen abstammen. Eliots Blut bestand zu fünfzig Prozent aus Robbies Blut. Eliots Lippen, seine Augen, seine Haare waren zur Hälfte Robbies. *Das ist simple Vererbungslehre. Mehr nicht.* Maggie lächelte diesen gutaussehenden jungen Mann an, der da in der warmen Septembersonne saß.

»Wenn Maudy dir vorschlägt, für das Bürgermeisteramt zu kandidieren«, sagte sie, »dann finde ich, solltest du es tun. Mit Maudys Unterstützung hast du die besten Aussichten zu gewinnen.«

»Hey«, rief er, »du sieht aus wie diese Schauspielerin – wie heißt sie gleich? –, sie hat für irgendeinen Film einen Oscar gekriegt.«

Maggie lächelte. »Ich hoffe, du meinst nicht Joan Crawford«, sagte sie.

»Weißt du eigentlich, wie schön dein Haar in der kanadischen Sonne glänzt?« fragte Eliot. »In Missouri würde es nie so leuchten.«

Maggie drehte sich um und ging die breite Einfahrt zum MOON hinauf, und sie spürte, wie er ihr nachschaute, wie er sie beobachtete, genauso wie sie ihn nun fast seit einer ganzen Woche durch die neuen Fenster des HARVEST MOON beobachtet hatte.

Am frühen Abend, als alle nach Hause gegangen waren und Maggie endlich allein war, beschloß sie, den alten Pfad zu suchen, der durch den Wald führte. Es war der Pfad, den Robbie für sie geschlagen hatte, damit sie den Weg über den kleinen Hügel hinter dem Restaurant und dann die Viertelmeile an der kleinen Bucht entlang zu dem geheimen Plätzchen fand. Nachdem Robbie den kleinen Steg am Wasser gebaut hatte, war es nicht länger ein »geheimes Plätzchen« gewesen. Claire hatte Maggie erzählt, daß Robbie sein Haus, in dem er mit seiner Frau und seinem Sohn gelebt hatte, am anderen Ufer, genau gegenüber dem MOON errichtet hatte. Maggie fragte sich, ob ihn die Erinnerung an alte Zeiten dazu bewogen hatte. Schließlich hatte er die kleine Bucht und den Steg und das Birkenwäldchen sehr geliebt. Soweit Claire wußte, gehörte das Land dort immer noch Robbie. Jetzt war es Zeit für Maggie, dorthin zu gehen und nachzuschauen, zu sehen, was von den Erinnerungen übriggeblieben war. Also hatte sie, um sich die Beine und die Arme nicht an den Brombeerranken aufzureißen, ihre ältesten Jeans und ein langärmeliges Flanellhemd angezogen und war, ausstaffiert wie eine Naturforscherin, in die warme Abendsonne hinausgetreten.

Es dauerte nicht lange, und ihr wurde von dichten Büschen – Würgekirsche, dachte Maggie –, die den Pfad überwuchert hatten, der Weg versperrt. Doch Maggie bahnte sich ihren Weg um die Hindernisse herum, darunter ein umgestürzter Baum, dessen Äste immer noch in den Himmel ragten, und schließlich kletterte sie über den kleinen Hügel, hinter dem die besondere Stelle verborgen lag. Oben auf dem Hügel angelangt, hatte sie damals immer Robbies Musik gehört, doch an diesem frühen Septemberabend spielte nirgendwo ein Radio. Statt dessen hörte sie wieder eine Krähe in der Ferne schreien, das heisere Gekreische der Möwen, die unablässig auf Futtersuche waren, und den Wind, der in den roten Blättern der Birken raschelte. Keine Musik. Nur der Flügelschlag der Erinnerung drang an ihr Ohr. Und dann stieg sie den Hügel hinab – dort war der Pfad noch gut sichtbar, es wirkte fast so, als würde er noch benutzt –, ging zwischen Sumachbäumen hindurch, bis sie an das kleine Birkenwäldchen kam. Und da war sie, die moosige Decke, jetzt herbstlich braun, wuchs immer noch unter den dichten Birken, eine Stelle von kaum dreimal drei Metern, geschützt durch ein dichtes Laubdach, bis der Herbstregen die Blätter herunterriß. Aber im Sommer, in jenen wunderbaren Sommern hatten diese Blätter über ihren Köpfen wie Münzen geklimpert, hatten sie vor Sonne und, so gut es ging, vor Regen und Wind geschützt. Maggie stand und schaute. Die Stelle war immer noch da, die Natur hatte sie noch nicht zurückerobert. Der Moosteppich war noch da, und er sah so sauber aus, als hätte ihn gerade jemand mit einem riesigen Besen gefegt. Genauso, wie Robbie ihn immer hergerichtet hatte, bevor sie kam. Und nun war sie da, und die Stelle hatte unbeschadet ein Vierteljahrhundert überdauert. Wie war das möglich? Sie fand die Antwort, als sie auf den kleinen Steg zuging. Er war immer noch so stabil wie eh und je. Ein paar neue Planken hier und dort – eine oder zwei sahen so aus, als könnten sie höchstens einen Sommer alt sein – verrieten, daß jemand den Steg über die Jahre in Schuß gehalten hatte. Und dort im Wasser, bei dem Pfosten, der dem Ufer am nächsten war, versteckt zwischen den Bäumen, schwamm ein Sechserpack Bier. Jemand hatte einen Nagel in den Pfosten getrieben, und die Plastikhalterung, mit der die Dosen zusammengehalten wurden, war an dem Nagel befestigt. Ein natürlicher Kühlschrank, wenn man bedachte, wie kalt das Wasser im Kleinen Bärensee das ganze Jahr über war. Jemand kümmerte sich um diese Stelle, sah nach dem Rechten, so als sei sie ein Apartmentkomplex oder ein städtischer Park oder vielleicht ein Garten. Jemand wachte über diese Stelle, und Maggie hatte den Verdacht, daß dieser Jemand Eliot Flaubert war.

In dieser Nacht schlief sie unruhig, so wie in der ersten Nacht in Little Bear Lake, nachdem sie erfahren hatte, daß Robert Flaubert nicht mehr unter den Lebenden weilte, sondern unter den Fichten und Kiefern und den Wassern der Seen – wo auch immer die Menschen hingehen, wenn ihre Körper aufhören zu existieren. Sie schlief unruhig, und in ihren Träumen sah sie immer wieder das Gesicht vor sich, das ihre erste große Liebe gewesen war, Robbies Gesicht. Aber diesmal spürte sie, daß irgend etwas an ihm sich verändert hatte, als sie sich im Kanu, von silbrigem Mondlicht umgeben, zu ihm umwandte. Sein Haar war länger, berührte seinen Hemdkragen, sein Gesicht ein wenig schmaler, sein Lächeln ein wenig spöttischer. Es war Robbie, und es war doch nicht Robbie. Und selbst tief in ihrem Traum wußte sie es. »Das ist Eliot«, hörte sie sich selbst sagen, um sie herum silbrige Nacht und der leise plätschernde See, und dann streckte sie ihre Hand aus, um ihn zu berühren.

JUNGE TRIFFT MÄDCHEN

13. März 1969
Little Bear Lake

Liebe Maggie,
ich fühle mich so einsam heute abend, es ist so ein Gefühl, das einen ganz plötzlich überkommt und nicht zu erklären ist. Ich muß die ganze Zeit an meinen Dad denken und daran, wie wir zusammen Kanu gefahren sind, als ich noch klein war. Und eines Tages, als ich zehn Jahre alt war, ist er einfach davongepaddelt, und wir haben ihn nie wieder gesehen. (In Wirklichkeit ist er in seinen grünen Chevy, Baujahr '53 gestiegen und wie ein Filmstar einfach weggefahren.) 1960 haben wir erfahren, daß er bei einem Autounfall ums Leben gekommen ist. Ich habe heute abend versucht, etwas zu Papier zu bringen. Es soll gut für den Seelenfrieden sein, weißt Du. Aber es hat nicht funktioniert. Also bin ich in mein Kanu gestiegen und mitten auf den See hinausgepaddelt. In solchen Augenblicken muß ich alles um mich herum sehen können, damit sich nichts an mich heranschleichen und in einem unachtsamen Moment überfallen kann. Am Ufer habe ich das Leben meiner Freunde und Nachbarn gesehen, habe die Lichter in ihren Häusern gesehen, wo sie sich in ihren Kokons aus Träumen, in ihren Sicherheitsnetzen eingesponnen haben. Für manche Menschen gibt es kein Sicherheitsnetz, und ich weiß nicht, warum. Eigentlich möchte ich Dich gar nicht mit all diesem Zeug behelligen, aber manchmal habe ich das Gefühl, daß Du die einzige bist, bei der ich mich je sicher gefühlt habe.

Es war nur noch eine Woche bis zum großen Herbstball. Die Arbeiten waren weit vorangeschritten. Maggie hatte Gil und Maudy als Teilzeitkräfte eingestellt, damit sie jemanden hatte, der sich um Bestellungen und Lieferungen und all den Kleinkram kümmern konnte, mit dem sich nur auskennt, wer selbst jahrelang in der Gastronomie gearbeitet hatte. In den letzten Tagen hatten Lastwagen kistenweise Bier und Spirituosen geliefert. Maggie hatte sich entschlossen, auf dem großen Eröffnungsball zur Feier des Tages kleine Häppchen zu servieren, und Claire war jetzt dauernd unterwegs, um in der Bäckerei in Lakeview und in dem großen Supermarkt in Coreyville die nötigen Zutaten zu besorgen. Maggie hatte in sämtlichen Lokalblättern der Gegend Werbeanzeigen geschaltet. Früher war das HARVEST MOON weit und breit der einzige Tanzschuppen gewesen, und die Leute waren von überall her zum Tanzen gekommen. Sie hatte das Gefühl, ihr Geld gut angelegt zu haben, vor allem bei dem günstigen Preis, zu dem Gil ihr den Laden verkauft hatte. Und einem Mann wie Gil konnte man vertrauen, wenn es um die Angaben zu seinem Grundstück ging. Man konnte ihm trauen, es sei denn, man hieß Joe McIntyre, Rechtsanwalt. Maggie war von draußen hereingekommen, nachdem sie das Geländer an der Veranda gestrichen hatte, als sie Joes Stimme auf dem Anrufbeantworter hörte. Würde sie ihn bitte zurückrufen, es sei wichtig. Maggie überlegte einen Moment lang. Es war wichtig? Hatte Bridgette vielleicht plötzlich Pickel im Gesicht? Vielleicht war sie ja auch aus ihrem ersten BH rausgewachsen, und Joe wollte sich wegen der neuen Körbchengröße beraten lassen. Eigentlich wußte Maggie, daß es um den Verkauf des viktorianischen Hauses ging, denn Joe hatte es ausdrücklich gesagt. Er hatte einen Käufer gefunden, der mit ihren Preisvorstellungen einverstanden war. Also rief sie ihn zurück, in der Erwartung, mit ihm über den Hausverkauf zu sprechen. Doch dann hatte Joe, der von Lucy erfahren hatte, daß Maggie das HARVEST MOON gekauft hatte, angefangen, ihr ausführlich seine Meinung zu der ganzen Sache zu unterbreiten. Er habe große Bedenken, hatte er erklärt, was Maggies geschäftliches Unterfangen anging; er hatte sich, typisch Anwalt, nach Bodenrichtwerten und dem Schätzwert des Gebäudes und dergleichen erkundigt. Maggie hatte ihn unterbrochen. »Joe, ich habe dich zurückgerufen, weil du gesagt hast, du hättest einen Käufer gefunden, der mit unseren Preisvorstellungen einverstanden ist. Das ist das einzige Geschäft, über das wir uns unterhalten müssen. Und da der Käufer den Preis akzeptiert, brauchst du nichts weiter zu tun, als mir die Papiere zu schicken, die ich unterschreiben muß. In Coreyville gibt es ein Federal Express Büro. Also, gibt es sonst noch irgendwas, das ich wissen sollte?« Es gab nichts. Gut. Dann sollte er sich ihretwegen seine eigenen Sorgen über Bodenrichtwerte machen. Sie hätte noch ein paar spitze Bemerkungen machen können, die ihr auf der Zunge lagen, doch sie tat es nicht. Das Leben, das sie mit Joe McIntyre gelebt hatte, schwebte inzwischen irgendwo über dem amerikanischen Mittelwesten, segelte wie eine dicke Wolke über Kansas City. Eine Regenwolke vielleicht. Das war alles. Maggie wandte sich wieder der Aufgabe zu, mit der sie beschäftigt gewesen war, bevor sie Joes Anruf beantwortet hatte, und die bestand darin, ein paar Werbespots für den Radiosender von Coreyville zu formulieren.

Am Dienstag, vier Tage vor dem großen Eröffnungsball, ging das HARVEST MOON offiziell in Maggies Besitz über. Nach mehreren Terminen mit Gils Bank in Coreyville, nach zahlreichen Telefongesprächen und sauberen Vermögensnachweisen war es endgültig. Und im MOON schien alles der Fertigstellung zuzustreben. Das Dach war ausgebessert und wieder in tadellosem Zustand. Die große Tanzfläche mußte noch gestrichen und lackiert werden, doch alles andere war perfekt. Eine Band aus Coreyville, eine Truppe, die die Einheimischen ihnen wärmstens empfohlen hatten, war angeheuert worden. Von der Firma Fred's Electronics in Lakeview war jemand dagewesen, um die riesige Musikbox zu warten, und jetzt spielte sie wieder, und am Samstag abend würde sie übernehmen, wenn die Band Pause machte. Fred hatte Maggie geraten, sich eine moderne Musikbox zu kaufen, eine, auf der man CDs spielen konnte, doch weder Maggie noch Claire hatten sich mit der Idee anfreunden können. Sie würden die alte behalten, würden sie wenigstens eine Saison lang testen. Und dann, falls die Mehrheit – das heißt, die junge Generation – dafür plädierte, sie abzuschaffen, dann würde man sich dem Wunsch des Publikums beugen. Die Platten, die Maggie bestellt hatte, waren immer noch nicht eingetroffen, doch Eliot, der nach Coreyville gefahren war, um eine neue Wasserpumpe zu besorgen, hatte versprochen, bei Radio Shack vorbeizuschauen und sich zu erkundigen, ob sie nun endlich da waren. Vorerst waren noch die Platten in der Musikbox, die Gil und Maudy gespielt hatten, als sie das MOON noch betrieben hatten.

»Also, Cinderella«, sagte Claire zu Maggie, die hinter der Theke kniete und Schachteln mit Strohhalmen einräumte. »Das muß gefeiert werden, daß du, Maggie Patterson, ehemalige Kellnerin, jetzt Besitzerin des besten Tanzschuppens westlich von, na ja, westlich von *irgendwo* bist. Egal, aber auf jeden Fall muß es gefeiert werden.« Maggie schaute von ihren Strohhalmen auf und nickte. Es war ein langer Arbeitstag gewesen. Zum Abendessen hatten sie schnell ein paar Sandwiches gegessen, und dann hatten sie die neuen Gläser ausgepackt und in den frisch lackierten Regalen hinter der Theke aufgereiht. Jetzt war es acht Uhr, und es war Zeit, Feierabend zu machen. Außer ihnen beiden war niemand mehr da, also nahm Maggie zwei Bierflaschen aus dem Kühlschrank und stellte sie auf die Theke. Dann zog sie einen Barhocker heran und setzte sich. Ihr taten die Füße weh. Claire stand an der Musikbox, warf eine Handvoll Vierteldollarmünzen ein und traf ihre Auswahl.

»Mir gefällt die Vorstellung, Platten in der Musikbox zu haben«, sagte Maggie, während sie Claire zusah. »Anstatt CDs.«

»Mir auch«, sagte Claire. »Aber Fred hat recht. Wenn du willst, daß die jungen Leute dieses Ding benutzen, dann mußt du auch neue Platten bestellen. Ich hab Eliot gesagt, er soll ein paar aussuchen. Ich hoffe, du hast nichts dagegen.« Maggie schüttelte den Kopf. Sie war froh, daß Claire daran gedacht hatte. Sie selbst war zu sehr damit beschäftigt gewesen, die letzten Formalitäten für den Hauskauf zu erledigen.

»Morgen wird der Kamin eingeweiht«, sagte Maggie. »Es wird langsam so kühl, daß man abends gut ein Feuer machen kann.« *Wenn du beim Eröffnungsball ein Feuer im Kamin machst*, hatte Maudy sie gewarnt, *wird es möglicherweise so warm im Raum, daß du sämtliche Türen und Fenster aufmachen mußt. Und dann mußt du noch bedenken, daß so viele Menschen eine Menge Körperwärme ausstrahlen. Ich habe noch selten erlebt, daß es so kalt war, daß wir an einem Tanzabend die ganze Zeit den Kamin befeuert haben.*

»Mein Gott«, sagte Claire. »Ist dir eigentlich klar,

wie schwer wir in den vergangenen fünf Tagen geschuftet haben?«

Maggie nickte. »Und es gibt immer noch viel zu tun«, sagte sie.

Claire sah sie mit ihren berühmten hochgezogenen Augenbrauen an. »Wie wär's, wenn du dir und mir mal eine Pause gönnen würdest?« fragte Claire. »Ruh dich doch mal einen Abend aus. Wir haben immer noch fast eine Woche bis zur großen Eröffnung.«

Maggie mußte ihr recht geben. Sie hob ihre Bierflasche und trank einen kräftigen Schluck. Claire drückte ein paar Tasten an der Musikbox, und die Musik begann zu spielen, ein Stück, das Maggie nicht kannte.

»Eliot hat mich heute gefragt, warum du ihm aus dem Weg gehst«, sagte Claire so unvermittelt, daß Maggie sich kalt erwischt fühlte. Sie wollte schon anfangen, zu widersprechen, überlegte es sich jedoch anders. Eliot hatte recht, und sie wußte, daß sie Claire nichts vormachen konnte.

»Es ist einfach immer noch so schwierig«, sagte sie.

»Es ist, als ob man Robbie vor sich sähe«, sagte Claire. »Es ist, als würde man ihn sprechen hören. Wie in ›*Twilight Zone*‹.«

Maggie nickte. »Und es ist, als ob er mich *kennt*, Claire«, sagte sie. »Ist Erinnerung etwa erblich? Hat er Robbies Erinnerungen an mich geerbt?«

»Der Apfel fällt nicht weit vom Stamm«, sagte

Claire, als würde sie eine Examensfrage beantworten.

»Vielen Dank, Sir Isaac Newton«, sagte Maggie, »für diese wissenschaftliche Erklärung.« Doch es gelang ihr nicht, das unheimliche Gefühl, das Eliots gelegentliche Bemerkungen ihr verursachten, abzuschütteln.

»Hey, sieh dir das an!« sagte Claire, die sich nicht im geringsten für Eliots hellseherische Fähigkeiten interessierte. »Maudy hat immer noch *»Theme to a Summer Place«* von Percy Faith hier drin. Wahrscheinlich hat die Platte inzwischen keine einzige Rille mehr.«

Maggie verzog das Gesicht. »Laß sie nicht laufen, bitte«, sagte sie. »Ich bin zu müde, um in Erinnerungen zu schwelgen.«

Claire drückte noch eine letzte Taste, dann nahm sie ihr Stirnband ab und warf es auf die Theke. Sie trank einen Schluck Bier und sah Maggie amüsiert an. »Die Sixties lassen einen einfach nicht los«, sagte sie. »Aber kannst du mir mal erklären, warum das so ist? Ich meine, die Fünfziger hinter sich zu lassen ist überhaupt kein Problem. Ach was, die Leute *flüchten* geradezu vor den Fifties. Und vor den Vierzigern. Sogar vor den Siebzigern. Aber die verdammten Sixties wird man nie wieder los.«

»Vielleicht geht das nur den Leuten so, die, wie wir, damals gerade erwachsen wurden«, sagte Maggie. Sie betrachtete liebevoll die frischlackierten

Regale hinter der Theke, auf denen blankpolierte Gläser in Reih und Glied standen und darauf warteten, benutzt zu werden.

»Kann sein«, sagte Claire. »Aber eins ist sicher, wir waren eine Generation von Verliebten, die auf die Texte der Songs gehört und an sie geglaubt und nach ihnen gelebt haben. In gewisser Weise ist das jede Generation, ich weiß. Aber wir hatten all diese politischen Songs, weißt du noch, diese Antikriegssongs, und ich glaube, wir haben viel bewußter gelebt als die jungen Leute heutzutage.«

»Was zum Teufel ist das für ein Stück?« fragte Maggie. Die alte Musikbox plärrte lautstark.

»Mötley Crüe«, sagte Claire. »Ich dachte, das würde uns daran hindern, gleich hier und jetzt einzuschlafen.«

Maggie nickte. Mötley Crüe waren ihr ein Begriff aus den Zeiten, als ihre Musik durch Dianas geschlossene Zimmertür gedröhnt hatte. Diese Art von Musik war absolut geeignet, zwei Frauen von Mitte Vierzig am Einschlafen zu hindern.

»Weißt du«, sagte Claire, »manchmal hab ich das Gefühl, ich könnte meine ganze Lebensgeschichte anhand dessen nachvollziehen, was in den Charts war, als die wichtigsten Dinge in meinem Leben geschahen. Falls meine Kinder sich je für Ahnenforschung interessieren sollten, werde ich sie an ein verdammtes *Billboard*-Heft verweisen.«

Maggie lächelte. Es tat so gut, Claires Gesicht zu beobachten, zu sehen, wie sie eine Schnute zog, wenn sie besonders nachdenklich war. Es tat so gut, ihre alte Freundin wiederzuentdecken.

»Okay«, sagte Maggie. »Schieß los. Erzähl mir ein bißchen von dem Teil deiner Lebensgeschichte, den ich verpaßt hab, indem du mir die passenden Songs nennst. Wir haben uns bisher kaum voneinander erzählt. Ich denke, wir sind uns inzwischen wieder vertraut genug.«

Claire nickte. Sie hob ihr Miller Lite. »Und nichts hilft so gut wie ein kaltes Bier, diesen Prozeß zu beschleunigen«, sagte sie. »Also, laß mal sehen. 1972 ging es mir richtig gut, denn Gilbert O'Sullivan hatte gerade mit *›Clair‹* einen Hit gelandet, und Junge, Junge, als das Stück rauskam, bin ich nur noch geschwebt. Ein Song, der nur für ein Mädchen namens Clair geschrieben wurde.«

»An den Song kann ich mich auch noch gut erinnern«, sagte Maggie.

»Und wie hätte ich mich nicht verlieben sollen, nach so einem Auftrieb für mein Ego?« meinte Claire. »Ich hatte Charles gerade kennengelernt, und ich war nicht zu bremsen. Und als Roberta Flack dann sang *›First Time Ever I Saw Your Face‹*, war mein Schicksal so ziemlich besiegelt, was eigentlich ein Glück war, wenn man bedenkt, daß der andere große Hit des Jahres *›My Ding-a-Ling‹* war.«

Maggie mußte herzhaft lachen. Es war das erstemal seit langer, langer Zeit, daß sie richtig gelacht hatte, ging es ihr durch den Kopf. »Diesen fürchterlichen Song hatte ich schon ganz vergessen«, sagte sie.

»Aber weißt du was?« sagte Claire. »Selbst wenn ich diesen bescheuerten ›*Ding-a-Ling*‹-Song höre, geht mir gleich das Herz über, und ich fange an mitzusingen und denke, ach, ich liebe diesen Song, bis mir einfällt, daß ich ihn in Wirklichkeit nicht ausstehen kann. Aber er erinnert mich an eine Zeit, in der ich in Charles verliebt war, unsterblich verliebt. Und einen Augenblick lang ist das Gefühl wieder da, die süße Erinnerung an die Zeit, als ich noch jung und naiv war.« Claire klopfte mit einem Strohhalm an ihre Bierflasche.

»Das stimmt«, sagte Maggie. »Mir geht es genauso. Erst vor ein paar Tagen lief ›*Rubber Duckie*‹ im Radio, und ich hab lauthals mitgesungen.«

»Eigentlich schade«, fuhr Claire fort, »daß Tammy Wynette ihren Song ›*D-I-V-O-R-C-E*‹ nicht 1972 gesungen hat. Dann wäre mir vielleicht der ganze Streß mit Charlie erspart geblieben. Ich habe ihn 1973 geheiratet, und 1974 war ich mit Holly schwanger, und rate mal, was in diesem Sommer der große Hit war? Genau. ›*You're Having My Baby*‹ von Paul Anka. Kannst du dir vorstellen, daß ich diesen Song bis heute liebe – bis mir einfällt, daß man ihn als Feministin eigentlich ablehnen muß«, sagte Claire.

»Bist du Feministin?« fragte Maggie spöttisch.

»Ich glaube schon«, sagte Claire. »Im darauffolgenden Sommer jedenfalls war ich mit Jessica schwanger, und der große Sommerhit war *›Love Will Keep Us Together‹* von The Captain and Tennille, aber da wußte ich schon, daß das eine Illusion war. Zu der Zeit wußte ich schon, daß Charlie seine Hosen nicht anbehalten konnte, wenn ich nicht in der Nähe war, selbst wenn man ihm die Hosenträger am Körper festgeschweißt hätte.«

»Das tut mir leid«, sagte Maggie. Sie schob Claire eine Haarsträhne hinters Ohr. »Solche Dinge sind immer schwer zu verkraften.«

Claire zuckte die Achseln.

»Und 1976«, fuhr sie fort, »war ich richtig dankbar für Hits wie *›Disco Duck‹*. Bei solchen Stücken brauchte ich über nichts nachzudenken. Ich brauchte nur dafür zu sorgen, daß ich einen guten Babysitter hatte, wenn die Mädchen eingeschlafen waren, damit ich ab und zu ausgehen konnte, so wie Charlie es immer gemacht hatte, und dann hab ich ein paar Bier getrunken und an die schöne Zeit im HARVEST MOON gedacht, an die Nächte mit dir und Robbie, wenn Robbie die alten Stücke auf der Musikbox gespielt hat, wie die Songs, die auf der Liste standen, die du mir gegeben hast – *›Some Enchanted Evening‹* und *›You Send Me‹* und *›September in the Rain‹*.«

Maggie wurde plötzlich nachdenklich. Es waren wirklich alte Stücke gewesen, und die anderen hatten Robbie immer damit aufgezogen, aber er machte sich nichts daraus. Sie sah ihn wieder vor sich, wie er ganz allein zu *»September in the Rain«* tanzte, während Claire und sie an der Bar saßen und über ihn lachten.

»Robbie hat immer gesagt, einen guten Song zu lieben sei wie eine gute Therapie«, sagte Maggie, und Claire nickte. »Es hilft dir wahrscheinlich viel besser und ist auf jeden Fall wesentlich billiger.« Eine Weile saßen sie schweigend da, dachten an Robbie, erinnerten sich daran, wie sehr er Worte und Musik geliebt hatte, wie sehr die Songs ihn verwandeln konnten.

»Mein ganzes verdammtes Leben ist das reinste Plattenalbum«, sagte Claire schließlich. »Seite A ist die Zeit, *bevor* ich diesen Charlie kennengelernt hab und meine süßen Babys bekam, und Seite B ist die Zeit, *nachdem* ich Charlie begegnet bin und meine süßen Babys bekommen hab.«

»Das klingt jetzt aber fast wie in einer von diesen Fernsehschnulzen«, sagte Maggie warnend.

»Und du?« fragte Claire. »Erzähl mir von Joe und der kleinen Anwaltsgehilfin.«

Maggie spürte, wie sich ihr Magen plötzlich zusammenzog. Sie überlegte gerade, wie sie Claire, ohne deren Gefühle zu verletzen, beibringen konnte, daß sie einfach keine Lust hatte, über Joe zu reden, als sie einen Wagen vorfahren hörte.

»Hast du das gehört?« fragte sie und legte eine Hand ans Ohr. »Das Reifenknirschen hat mich gerettet.«

»Für's erste laß ich mich vertrösten«, sagte

Claire, »aber ich bin neugierig auf diese Anwaltsgehilfin. Denk dran, ich hab 'ne Menge Erfahrung im Umgang mit dem *Die-andere-Frau-Syndrom.* Das wichtigste ist, daß man seine Würde nicht verliert. Du solltest dich zum Beispiel nie erkundigen, wo sie ihre Klamotten kauft.«

Draußen wurde eine Autotür zugeschlagen, und Maggie wandte sich nach der Tür um. »Das muß Gil sein, der noch mal nach dem Rechten sehen will«, sagte sie.

»Weißt du was«, sagte Claire, »so wie Gil mir dauernd über die Schulter schaut, kann ich mir langsam vorstellen, wie Gomer Pyle sich gefühlt haben muß, wenn Sergeant Carter in der Nähe war.«

Maggie lachte. Sie wollte gerade rufen »Wir sind hier drinnen, Gil!«, als Eliot in Jeans und einem blaßgelben T-Shirt und braunen Cowboystiefeln in der Tür erschien, eine Flasche Bier in der Hand. Er lehnte sich lässig an den Türrahmen.

»Darf ich die Damen zu einer Fahrt um den See einladen?« fragte er. »Der Mond geht gerade auf, und ich würde sagen, im Interesse unseres Geschäfts sollten wir am besten mal rausgehen und uns vergewissern, ob er bis Samstag abend voll ist.«

»Hallo Süßer!« rief Claire. »Komm her, dann kriegst du ein frisches Bier.«

Maggie versuchte, etwas zu sagen, doch sie konnte ihn nur anstarren, wie er dort im Türrahmen lehnte, als gehörte ihm die ganze Welt. Wie oft hatte sie Robbie genauso in demselben Türrahmen stehen sehen?

»Das Bierproblem hab ich bereits gelöst«, sagte Eliot. »Ich finde, daß drei hart arbeitende Menschen sich ein kühles Sixpack und eine entspannende Rundfahrt um den See redlich verdient haben. Ihr seid den ganzen Tag im Haus gewesen, und ihr werdet noch viel Zeit hier drinnen verbringen, bevor eure Karrieren als Barfrau und Clubchefin beendet sind. Also, kommt schon. Laßt uns ein bißchen Natur tanken.«

Claire setzte ihr Stirnband wieder auf und stieß Maggie in die Rippen. »Ich hab's dir ja gesagt«, meinte sie. »Egal, wie sehr du dich bemühst, du kannst den Sixties nicht entrinnen. Geh'n wir.« Im Vorbeigehen zwickte sie Maggie in die Nase. »Los, setz deinen Hintern in Bewegung.« Und schließlich bewegten sich Maggies Beine wie von selbst, genau wie in den alten Tagen, wenn sie, müde von der Arbeit, zu Robbie hinausgegangen war, um eine Nacht auf dem See oder auf dem Moosteppich oder im Pick-up auf den Waldwegen zu verbringen, eine weitere beseeligende Nacht mit Robert Flaubert. Manchmal waren es auch sie und Robbie und Claire gewesen, die »Drei Musketiere«, an Abenden, an denen Claire solo war, dann hatten die drei sich zusammengetan und sich die Zeit gemeinsam vertrieben. Maggies Füße bewegten sich durch die Tür, an Eliot vorbei, der nach After-shave duftete, seine muskulösen Arme braungebrannt von der Arbeit auf dem Dach. Maggie ging hinaus und kletterte in den wartenden Pick-up, und dann, mit Claire in der Mitte, flogen sie zu dritt in die Sphären der Vergangenheit.

Sie redeten über Robbie, aber nur wenig. Claire hatte das Gespräch auf ihn gebracht. Auch für Eliot war Robbie immer noch ein wunder Punkt. Aber von den »Drei Musketieren« hatte sein Vater ihm erzählt.

»Ihr müßt ja ein heißes Trio gewesen sein«, sagte er.

»Allerdings«, sagte Claire. »Hat er dir erzählt, wie wir Monty Whitburns Chevy geklaut und in den Haselnußsträuchern an der Hockeybahn versteckt haben?«

»Claire!« sagte Maggie und versetzte ihr einen Rippenstoß. »Das darfst du doch nicht verraten!«

»Nein«, sagte Eliot, »davon wußte ich nichts.«

»Siehst du?« sagte Maggie. »Selbst Robbie hat dichtgehalten.«

Eliot lachte. Der Wind zerzauste ihm das Haar, und Maggie schaute ihn hin und wieder heimlich von der Seite an, sein schöngeschnittenes Profil, das dem seines Vaters so sehr ähnelte, den Ellbogen im offenen Fenster, während er fuhr.

So fuhren sie um den ganzen See herum, bis sie wieder in der Einfahrt des HARVEST MOON landeten.

»Noch eine Runde gefällig?« fragte Eliot.

»Ich weiß nicht«, sagte Maggie. »Wir sollten lieber Schluß machen. Es war ein langer Tag, und wir haben morgen noch so viel zu tun.«

»Na, hör mal«, sagte Claire. »Wo ist dein Sportsgeist geblieben, Mädel? Hast du ihn an der Uni verloren? Die Nacht ist noch jung!«

»Da ist der Mond«, sagte Eliot und deutete mit dem Finger zum Himmel hinauf. Da war er tatsächlich, kletterte gerade am gegenüberliegenden Ufer über die Berge, beinahe rund, obwohl erst am Samstag Vollmond war. Doch für das Auge sah der orangefarbene Ball, der da am Himmel aufstieg, fast kreisrund aus.

»Atemberaubend«, sagte Maggie.

»Ich weiß, was wir machen«, sagte Eliot. »Wir drehen nicht noch eine Runde, sondern gehen zum See hinunter und schauen vom Ufer aus zu, wie der Mond aufgeht.«

Die beiden Frauen folgten ihm ans Wasser. Vom Ufer aus schaute Maggie zufrieden zum HARVEST MOON hinauf, wo noch alle Lichter brannten. Es war harte Arbeit gewesen, und es lag noch viel harte Arbeit vor ihnen. Doch es war ein wunderbares Gefühl, ein besseres Gefühl, als in einem Seminarraum vor einer Gruppe von fünfundzwanzig Studentinnen und Studenten zu stehen, von denen nur ein oder zwei zuhörten, wirklich zuhörten und sich nicht nur Notizen für die nächste Klausur machten. Es war eine Zufriedenheit, wie Maggie sie noch nie zuvor erlebt hatte, und das Gefühl tat ihr gut. Es tat ihr gut, Claire und Eliot und Maudy und Gil um sich zu haben, das muntere Treiben von Menschen, die ihr mehr wie eine Familie vorkamen, als Joe es je gewesen war. Mehr als ihr Vater es war. Seit ihre Mutter und Dougie tot waren und seit die Mädchen ausgezogen waren, um ihr eigenes Leben zu leben, hatte Maggie sich stets wie eine Waise gefühlt. Und ihr Vater, na ja, er gehörte zu den Menschen, denen man Geburtstagsgrüße schickte und die man zu Weihnachten anrief. Aber es war nun einmal so, daß er, seitdem er wieder verheiratet war – obwohl Maggie Vivian äußerst sympathisch fand –, nicht länger Maggies Vater, sondern Vivians Ehemann war. Das war ihm nicht vorzuwerfen. Er lebte sein Leben, so gut er konnte. Und nun tat Maggie das gleiche mit ihrem Leben.

»Mein Vater hat mich immer mit zum Angeln auf den See genommen«, sagte Eliot. Er wies mit einer Kopfbewegung auf die weite Wasserfläche, auf das gegenüberliegende Ufer, wo der Mond immer höher stieg. »Wenn wir ein Fernglas hätten«, sagte er, »könntet ihr von hier aus unser Haus – *mein* Haus – sehen. Es ist rotbraun.«

»Wie der Berg, rotbraun«, sagte Claire und schirmte mit der Hand die Augen ab.

»Wir vermissen ihn auch sehr«, hörte Maggie sich sagen. Sie drehte sich um und sah Eliot an, schaute in seine beinahe schwarzen Augen, und dann streckte sie eine Hand aus und drückte ihm den Arm. Er erwiderte ihren Blick so intensiv, daß ihr in der kühlen Abendluft ganz heiß wurde.

»Er war ein echtes Original«, sagte Claire. Weit draußen auf dem See stimmten die Eistaucher ihren unheimlichen, melancholischen Gesang an.

»Sie werden jetzt bald gen Süden ziehen«, sagte Eliot. Er bückte sich, hob einen kleinen Stein auf und ließ ihn über das Wasser springen.

»Ich werde sie vermissen«, sagte Maggie. Sie fühlte sich seltsam glücklich, irgendwie leicht, als sie zum HARVEST MOON hinaufschaute, dessen Lichter zwischen den Bäumen hindurchschimmerten. »Laßt uns noch einen Schlummertrunk auf der Veranda nehmen«, schlug sie vor. »Es wird zwar langsam kühl, aber wir sind ja alle abgehärtet. Und wenn wir einen Cognac trinken, um das MOON einzuweihen, wird uns schon von innen warm werden.«

»Hervorragende Idee«, sagte Claire. »Ich wußte doch, daß die alte Maggie früher oder später wieder zum Vorschein kommen würde. Denk dran, was ich dir gesagt hab, Süße. Den Sixties kann man nicht entrinnen.«

Maggie ging hinauf in ihre kleine Wohnung, um zwei Pullover zu holen. Eliot hatte ein Sweatshirt in seinem Wagen. Claire sollte in der Zwischenzeit den Cognac einschenken, und dann wollten sie sich alle auf der zum See hin gelegenen Veranda einfinden.

»Wo ist Eliot?« fragte Maggie, als sie mit den Pullovern zurückkehrte und Claire allein auf der Veranda antraf.

»Er wollte etwas aus seinem Pick-up holen, das er für die Bar bestellt hat«, sagte Claire. »Er kommt gleich.« Sie zogen die Pullover über und starrten schweigend auf das Wasser hinaus. Der Mond schien immer leuchtender orangefarben zu werden, je höher er stieg, und der Himmel wurde immer dunkler.

»Man könnte fast meinen«, sagte Claire, »wir wären in eine Art Zeitmaschine geraten. Ich spüre noch nicht mal meine zwanzig Pfund Übergewicht heute abend.«

Maggie lachte. »Mit so einer Zeitmaschine könnten wir uns eine goldene Nase verdienen«, sagte sie. »Die Zeitreise-Diät.«

Eliot trat aus der Tür zum Tanzsaal und setzte sich zu ihnen auf die Veranda.

»Worauf trinken wir?« fragte er. Er nahm sein Cognacglas und wärmte es in seinen Händen. Claire und Maggie taten es ihm nach. Dann hoben sie die Gläser und sahen sich schweigend an.

»Nun?« fragte Claire.

Eliot dachte einen Moment nach. »Auf alte Freundschaft«, sagte er, und die beiden nickten. »Und auf den besten Fischer, Waldhüter, Lehrer, Philosophen, Teilzeit-Schriftsteller und Vollzeit-Vater aller Zeiten.«

Maggie spürte, wie ihre Augen feucht wurden. Sie wollte nicht, daß Eliot es bemerkte. Claire hatte ihr erzählt, wie hart ihn der Tod seines Vaters getroffen hatte, wie er die Schule verlassen und sich von seinen Freunden zurückgezogen hatte. Maggie war zurück nach Little Bear Lake gekommen, um Robbie zu sagen, wie leid ihr alles tat, um, wenn möglich, wiedergutzumachen, was sie ihm angetan hatte. Nun, es war nicht möglich. Vielleicht konnte sie ein bißchen wiedergutmachen, indem sie seinem Sohn beistand. Das hätte Robbie sich von ihr gewünscht. Und von Claire. Sie stießen an.

»Auf Robert Flaubert«, sagte Maggie, »Nachfahre des großen Gustave Flaubert.«

Eliot lachte. »Das hat er also damals schon erzählt, was?« Die beiden Frauen nickten.

»Auf Robbie«, sagte Claire, »und auf die Drei Musketiere, sozusagen.« Sie nippten an ihrem Cognac, mit kalten Finger- und Nasenspitzen, während der Mond wie ein verirrter Luftballon über dem Kleinen Bärensee schwebte.

»Sag mal, Eliot«, sagte Claire, »wenn dir die Frage nicht zu persönlich ist – bist du schon mal verliebt gewesen?«

Eliot lachte und schüttelte den Kopf. »Liebe ist wie der absolute Nullpunkt«, sagte er. »Beides gibt es nur theoretisch.«

»Aber«, konterte Maggie, »haben Wissenschaftler nicht schon ein Millionstel Grad über dem absoluten Nullpunkt gemessen? Das ist verdammt nah dran.«

»Nah dran zählt nur beim Hufeisenwerfen«, sagte Eliot, und wieder schenkte er ihr sein schiefes Flaubert-Lächeln. »Wer will bei der Liebe schon knapp daneben liegen? Entweder man bekommt alles oder nichts.«

»Ihr seid mir zu spitzfindig«, sagte Claire. »Ich hab doch nur eine ganz simple Frage über die Liebe gestellt.« Sie leerte ihr Glas. Als Maggie sie gerade fragen wollte, ob sie noch einen Cognac wolle, kam Claire ihr zuvor.

»Verdammt«, sagte sie. »Wie spät ist es eigentlich?«

»Erst kurz nach zehn«, sagte Maggie. »Wieso?«

Claire sprang auf. »Hört zu, ihr beiden«, sagte sie. »Wir sehen uns morgen. Ich hab meiner Mutter versprochen, sie vom Bingo abzuholen, und das ist um zehn zu Ende.«

»Du kommst zu spät«, sagte Eliot.

»Nee«, sagte Claire. »Mom und ihre Freundinnen stehen nach jedem Bingo-Abend noch mindestens eine Viertelstunde vor der Turnhalle rum und regen sich darüber auf, wie die Damen aus Coreyville gemogelt haben.«

Maggie lächelte, doch sie fühlte sich plötzlich unwohl. Sie hatte sich inzwischen daran gewöhnt, Eliot statt Robbie um sich zu haben. Aber sie war nicht darauf gefaßt gewesen, daß Claire sie mit ihm allein lassen würde. Im Vorbeigehen tätschelte Claire ihr den Kopf.

»Ich hätte morgen früh gern 'ne Tasse Kaffee«, sagte sie. »Mach einfach sechs Tassen anstatt zwei.«

Und dann schlug die Fliegengittertür an der Veranda hinter ihr zu, und sie war weg. Eliot, der Claire kurz nachgewinkt hatte, wandte sich Maggie zu und lächelte.

»Ist sie immer schon so ein Wirbelwind gewesen?« wollte er wissen. Maggie nickte. Eine Zeitlang saßen sie schweigend da, betrachteten den Mond und lauschten dem Gesang der letzten Nachtvögel. Hin und wieder war die Silhouette eines Graureihers zu erkennen, der über den See flog, um zu seinem Schlafplatz zurückzukehren. Die Nachtluft wurde zunehmend kühler.

»Das war ein ganz besonderer Abend für mich«, sagte Eliot, der schließlich das Schweigen brach. »Ich habe mich meinem Vater nie wieder so nah gefühlt, seit, na ja, seitdem er gestorben ist.«

»Du mußt ihn schrecklich vermissen«, sagte Maggie, und Eliot nickte.

»Ich vermisse ihn als Vater«, sagte er, »aber ich vermisse ihn auch als Freund.« Maggie wußte, was er meinte. Ihr erging es ähnlich, auch sie vermißte Robbie als Geliebten wie als Freund. Eine seltene Kombination. Inzwischen war ihr klargeworden, daß Joe McIntyre nie ihr Freund gewesen war.

»Wie hat deine Mutter Robbies Tod verkraftet?« fragte sie. Die leichte Eifersucht, die sie anfangs für Julia, die Frau, die mit Robbie verheiratet gewesen war, empfunden hatte, war verschwunden. Jetzt, wo sie Eliot kennengelernt hatte, war von diesen Gefühlen nichts mehr übrig. Julia mußte eine außergewöhnliche Frau sein.

»Sie hat es hier am Kleinen Bärensee nicht mehr ausgehalten«, sagte Eliot. »Sie ist wieder zu ihren Eltern gezogen, das ist besser für sie, außerdem werden ihre Eltern langsam alt. Und für mich war es sowieso Zeit, auf eigenen Beinen zu stehen.«

Maggie dachte kurz über das nach, was Eliot gesagt hatte. Gemessen an Diana und Lucy war er mehr als alt genug, um auf eigenen Füßen zu stehen. Eliot war fünfundzwanzig, und die Mädchen waren mit ein- und zweiundzwanzig aus dem Haus gegangen. Aber waren Mädchen nicht immer früher flügge als Jungs? Und doch fragte Maggie sich, warum die jungen Leute es alle so eilig hatten, ihr Nest zu verlassen. Vielleicht war es besser, wenn man bei dem Rudel blieb, in das man hineingeboren wurde, bis es unvermeidlich wurde, in die Savanne hinauszuziehen. So war es wahrscheinlich von der Natur vorgesehen. Cromagnon-Teenager waren gewiß nicht eines Tages aufgestanden, um allein in die weite Steppe aufzubrechen.

»Wie wär's mit noch einem Cognac, Boß, bevor wir in Trübsal verfallen?« sagte Eliot. »Einen für unterwegs. Und wenn du glaubst, ich hätte zuviel getrunken, dann schwimm ich einfach nach Hause.« Er deutete mit dem Kinn zum anderen Ufer hinüber. Maggie lachte. In Little Bear Lake kam es nicht selten vor, daß die Einheimischen ein paar Bier zuviel getrunken hatten, wenn sie um den See herum oder über die staubigen Nebenstraßen, wo kaum Verkehr herrschte, heimfuhren. Barry Fleck, der Sheriff von Little Bear Lake, ermahnte die Leute nur ab und zu, es nicht zu übertreiben.

»Ich denke, einen kann ich dir noch zugestehen«, sagte Maggie.

»Wie wär's, wenn wir den letzten Cognac an der Bar trinken, Miss Kitty?« sagte Eliot in bester Western-Manier. Maggie hatte nichts dagegen. Es war inzwischen ziemlich kühl auf der Veranda geworden.

An der Theke schenkte sie zwei Cognacs ein, dann setzte sie sich neben Eliot auf einen Barhocker.

»Ich möchte dich etwas fragen«, sagte er. Bemüht, seinem Blick auszuweichen, nippte Maggie an ihrem Cognac. Das gleiche Unbehagen, das sie empfunden hatte, als Claire gegangen war, hatte sie wieder überkommen. Inzwischen wußte sie, was es war, wußte, was hinter ihrem Unbehagen steckte: Sie verspürte den unwiderstehlichen Drang, ihn noch einmal zu berühren, ihn in die Arme zu nehmen und an sich zu drücken.

»Was willst du denn wissen?« fragte sie.

»Ich möchte wissen, warum du mir aus dem Weg gehst«, sagte Eliot. »Seit einer Woche gelingt es mir kaum, dich mal allein zu erwischen oder auch nur einen einzigen Satz mit dir zu wechseln.« Maggie zuckte die Achseln.

»Ich hab einfach soviel zu tun«, sagte sie. »Wahrscheinlich bin ich einfach abwesend. Zu sehr beschäftigt.« Eliot legte seine Hand auf ihre, eine warme Hand, und Maggie spürte, wie ihr ein Schauer über den Rücken lief.

»Es ist, weil ich dich an ihn erinnere, stimmt's?« fragte er. Sie sagte nichts. Ein leichter Herbstwind war aufgekommen, und durch die Fliegengittertür, die auf die Veranda hinausführte, hörte sie das Laub rascheln und wie die Wellen gegen das Ufer spülten.

»Ja«, antwortete sie schließlich. »Du erinnerst mich an deinen Vater. Sehr sogar.« Er drückte ihre Hand.

»Laß uns anstoßen«, sagte er und hob sein Glas. Maggie stieß mit ihm an. »Ich fühle mich geehrt, daß ich dich an Robert Flaubert erinnere«, sagte er, »aber ich möchte auf uns anstoßen, auf die *Gegenwart.*« Darauf tranken sie, und dann hob sich seine Stimmung. Der nachdenkliche Eliot war verschwunden, und der geistreiche, zu Scherzen aufgelegte Eliot war wieder an seine Stelle getreten. Wie oft hatte Maggie das bei Robbie erlebt? Auch er konnte nachdenklich und in sich gekehrt sein und dann plötzlich fröhlich und ausgelassen. Die beiden Gesichter des Janus.

»Deinem Vater hat ein Stück Land gehört«, sagte Maggie. »Unten am See.« Sie deutete mit dem Finger in die Richtung. »Der kleine Steg ist immer noch da. Wem gehört das alles jetzt?« Sie staunte über sich selbst, als sie sich über die geheime Stelle reden hörte, über den kleinen Steg. Der Cognac, der Mond, irgend etwas mußte ihre Hemmungen abgebaut haben.

»Es gehört jetzt mir«, sagte Eliot. Während er das sagte, schaute er sie durchdringend an. *Welche Reaktion erwartet er jetzt von mir?* fragte sich Maggie. *Weiß er, was es mit dieser Stelle auf sich hat? Wartet er auf eine Art Geständnis?*

»Ach ja?« war alles, was sie herausbrachte.

»Es war eine der Lieblingsstellen meines Vaters«, fügte Eliot hinzu. »Seit ich klein war, haben wir dort zusammen geangelt. Manchmal sind wir auch einfach nur zu dem kleinen Steg hinuntergegangen und haben die Füße ins Wasser baumeln lassen. Und dann hat er mir Gedichte aufgesagt. Er hat nur mich mit dorthin genommen, sonst niemanden.« Er schaute sie immer noch abwartend an.

»Ich habe den Steg gesehen«, sagte Maggie schließlich.

»Würdest du gerne hingehen?« fragte Eliot, seine Worte mit Bedacht wählend. Maggie nickte unwillkürlich. *Er hat nur mich mit dorthin genommen.*

»Irgendwann in dieser Woche«, versprach sie. Konnte es sein, daß er Bescheid wußte? Sie war sich immer noch nicht sicher.

»Ich weiß, du bist müde«, sagte Eliot, »aber ich hab noch eine Überraschung für dich. Ich hab alles vorbereitet, als du mit Claire schon auf der Veranda gesessen hast.« Er ging zur Musikbox, warf einen Vierteldollar ein und drückte eine Taste. Dann, bevor die Musik zu spielen begann, kam er an die Theke zurück und streckte die Hand aus. Sie ergriff sie, und er zog sie auf die Tanzfläche.

»Eliot«, sagte sie gleichmütig, »es ist schon spät.«

»Nur ein Tanz«, beharrte er. »Das ist meine Überraschung, als krönender Abschluß eines Abends voller Erinnerungen.« Und dann ertönte die Musik, sanft und betörend, Musik, die die Jahre zurückspulen ließ. Es war *»Some Enchanted Evening«* von Ezio Pinza. Maggie spürte, wie ihre Beine schwach wurden, doch Eliot hielt sie mit seinen starken Armen, drückte sie fest an seine Brust. Langsam drehten sie sich über die leere Tanzfläche, und auf einmal fühlte Maggie sich in die Zeit zurückversetzt, als das HARVEST MOON brechend voll gewesen war und die Musikbox heißlief und Robbie nach After-shave und See und frischer Luft duftete. Robbies fester, kräftiger Körper dicht an ihrem. In diesem überfüllten Tanzsaal waren sich ihre Blicke zum erstenmal begegnet; deswegen hatte Robbie diesen Song so sehr geliebt. Und jetzt, in dem leeren Raum, stürzte die Erinnerung wieder auf sie ein. Sie hob den Kopf und spürte Eliots Lippen auf den ihren. Warm und weich. Der Wind war stärker geworden, und Maggie hörte die Fliegengittertür schlagen. Sie durfte nicht vergessen, die Tür zu verriegeln, bevor sie zu Bett ging. Eliot löste seine Hände von ihrer Taille, legte sie sanft um ihr Gesicht und küßte sie noch einmal. Dann lehnte er sich zurück und sah sie an. Zärtlich schob er ihr ein paar Strähnen aus der Stirn.

»Von dem Tag an, als ich dich zum erstenmal gesehen hab«, sagte er, »als du wie ein kleines Mädchen vor Schreck deine Kaffeetasse fallen gelassen hast, hab ich mir gewünscht, dich in den Armen zu halten.« In diesem Augenblick wich Maggie zurück, wollte nur noch von ihm fort. Sie flüchtete sich hinter die Theke, nahm ihr Cognacglas und stellte es in die Spüle.

»Es ist Zeit, ins Bett zu gehen«, sagte sie leise. Eliot schaute sie abwartend an. »Gil und Maudy kommen morgen früh, ich muß zeitig aufstehen«, fügte sie hinzu. Sie begann mit der Cognacflasche zu hantieren, verschloß sie und stellte sie ins Regal. Doch Eliot ließ sich davon nicht beirren. Er kam hinter die Theke, trat ganz nah zu ihr und faßte sie an den Armen. Maggie fühlte sich wie gelähmt.

»Das ist verrückt«, sagte sie. Aber irgend etwas sagte ihr, daß es nicht verrückt war. Auch sie hatte sich nach ihm gesehnt. Sie hatte sich danach gesehnt, ihn an der Hand zu fassen und mit in ihre kleine Wohnung zu nehmen.

»Maggie«, flüsterte er. Sie spürte seine warmen Hände auf ihren Armen, seinen festen Griff, und seinen Atem dicht an ihrem Gesicht.

»Das alles ist irgendwie nicht richtig«, sagte sie.

»Wieso nicht richtig?« fragte Eliot. »Was soll daran nicht richtig sein? Erzähl mir nichts von Altersunterschied, denn damit hat es nichts zu tun. Ich kenne deine Gefühle.« Er streichelte ihr übers Haar.

»Du weißt überhaupt nichts über mich«, sagte Maggie. Sie spürte, wie sie in Panik geriet, so als säße sie in einem Zug, der auf Schienen ohne Weichen dahinraste, gefangen in diesem Augenblick mit Robbies Sohn. Und doch gab es einen Teil in ihr, der sich eine zweite Chance wünschte, eine Möglichkeit, noch einmal von vorn anzufangen. Sie war fast doppelt so alt wie er. Wie paßte die blutjunge Bridgette in Joes Lebenslauf? Der ganze Raum begann sich um Maggie zu drehen. »Du kennst mich noch nicht einmal«, wiederholte sie. »Du weißt überhaupt nichts über mich.«

Eliot lächelte, es war wieder das schiefe Lächeln, das Maggie seit so vielen Jahren vertraut war. »Du irrst dich«, sagte er. »Ich weiß eine ganze Menge über dich. Ich weiß, daß du dich im College für Deutsch eingeschrieben hast und daß du es nicht ausstehen konntest. Ich weiß, daß du dich manchmal im Dunkeln fürchtest, wenn du mitten in der Nacht aufwachst. Du liebst russische Theaterstücke. Du haßt Sonntage. Früher hast du mal davon geträumt, ein kleines Hausboot zu mieten und damit in England über die Kanäle zu schippern. Ich bin mir *sicher*, daß du Opern nicht ausstehen kannst. Das war kein Zufallstreffer. Und ich weiß, daß du die erste große Liebe meines Vaters warst.«

Maggie war völlig verblüfft. Sie suchte mit einer Hand an der Theke Halt und dachte krampfhaft nach. Und plötzlich war ihr alles klar. Sie sah Eliot an.

»Du hast meine Briefe gelesen«, sagte sie. »Du hast die Briefe gelesen, die ich Rob geschrieben habe.« Einen Augenblick lang sagte er nichts. Draußen war wieder der Wind zu hören. Maggie konnte das ganze Haus ächzen und knarren hören. Gespenstische Geräusche. Sie fürchtete sich tatsächlich im Dunkeln, wenn sie nachts aufwachte. Und schon als Kind hatte sie Sonntage nicht ausstehen können. Sonntags saßen alle stumm herum, meistens in völlig unbequemen Kleidern. An Sonntagen schienen die Leute immer auf irgend etwas zu warten, das nie eintrat. Er hatte ihre Briefe gelesen!

»Nachdem mein Vater gestorben war«, sagte Eliot schließlich, »erzählte meine Mutter mir von einer Kiste, die er im Keller verstaut hatte. Sie sagte, es sei eine Kiste mit seinen Unterlagen aus der Försterschule, und er hätte gewollt, daß ich sie einmal bekomme. Das hat er *ihr* gesagt. Einen Monat nach seinem Tod bin ich dann in den Keller gegangen und habe die Kiste gesucht. Deine Briefe lagen zuunterst, unter seinen Collegepapieren. Ob er gewollt hat, daß ich die Briefe finde und die Wahrheit über dich erfahre? Ich weiß es nicht. Niemand plant, mit sechsundvierzig an einem Herzinfarkt zu sterben. Vielleicht hätte er sie später vernichtet. Vielleicht. Darauf weiß ich keine Antwort. Ich weiß nur, daß ich sie gefunden habe.« Und dann fiel Maggie wieder ein, daß Eliot ihr erst vor wenigen Minuten angeboten hatte, mit ihr zu dem kleinen Steg zu gehen.

»Du hast von der Stelle unter den Birken gewußt«, flüsterte sie, »du hast es die ganze Zeit gewußt.« Eliot hielt sie noch immer an den Armen. Er zog sie näher zu sich.

»Als ich letzte Woche hierhergekommen bin, war ich nicht einfach nur auf Jobsuche«, sagte er. »Ich wollte die berühmte Maggie Patterson sehen. Ich wollte die Frau kennenlernen, die mein Vater geliebt hat, bevor er meiner Mutter begegnet ist. Seit fünf Jahren versuche ich mir vorzustellen, wie du bist. Ich habe deine Briefe immer wieder gelesen. Du glaubst, ich kenne dich nicht? Ich wette, ich kenne dich besser als jeder andere auf der Welt.« Maggie spürte, wie ihr flau im Magen wurde. Sie versuchte, sich an die Briefe zu erinnern, vor allem an die letzten, an die nach Dougies Tod, Briefe, in denen sie sich ihre tiefsten Ängste von der Seele geschrieben hatte, Ängste vor Leben und Tod und den Unbilden des Lebens, die sie Joe gegenüber nie preisgegeben hatte, die sie niemandem außer Robbie jemals anvertraut hatte. Robbie hatte diesen Teil von ihr verkörpert, den Teil, der in die Abgründe schaute. Und jetzt kannte Eliot diesen Teil ebenfalls. Eliot wußte darum. Sie legte ihre Hände gegen seine Brust und drückte ihn von sich weg, drückte ihn gegen das Regal mit den Gläsern, so daß sie laut klirrten. Eliot starrte sie an, versuchte, mit seinen schwarzen Augen ihre Gedanken zu ergründen.

»Eliot«, sagte sie. »Die Arbeiten am MOON sind fast beendet. Ich denke, es ist besser, wenn wir eine gewisse Distanz wahren. Jedenfalls vorerst.« Aber er schien ihr gar nicht zuzuhören.

»In dem Augenblick, als ich dich gesehen hab, Maggie«, sagte er, »da wußte ich, wieso Robert Flaubert nicht einfach an dir vorübergehen konnte. Genauso, wie ich nicht einfach an dir vorübergehen kann. Und das hat nichts mit Alter zu tun. Es hat mit Poesie zu tun und mit Schwalben, die auf dem Grund von Seen überwintern und mit dem Mond, der im Herbst über dem See aufgeht. Es hat mit Herzen zu tun und damit, was sie im Gleichklang schlagen läßt.« Aber Maggie wollte von alldem nichts hören. Sie spürte ein Gefühl der Abwhr in sich aufsteigen, Abwehr gegen diese Nacht, gegen seine Worte. *Er hat meine Briefe gelesen. Er kennt meine geheimsten Gedanken. Er weiß alles.*

»Es tut mir leid«, sagte sie zu Eliot. »Aber du mußt jetzt wirklich gehen.« Er trat einen Schritt zurück und lehnte sich mit dem Rücken an die Theke. Er sah sie immer noch eindringlich an, von Gefühlen überwältigt. Beinahe hätte sie ihre Hand nach ihm ausgestreckt, beinahe. Schließlich – und das war die Wahrheit, gegen die sie sich mit Händen und Füßen sträubte – war es Eliot gewesen, der ihr in den vergangenen Nächten in ihren Träumen begegnet war, Eliot im Kanu, Eliot, der sich im silbrigen Mondlicht umwandte und ihre Brüste mit seinen kühlen Händen berührte. Es war Eliot gewesen, nicht Robbie. Ohne den Blick von ihr zu nehmen, ging er langsam rückwärts, ließ sie allein hinter der Theke stehen. Als die Musikbox beim Wiedereinfächern von *»Some Enchanted Evening«* laut knarzte, hörte Maggie den Motor des Pick-up anspringen, dann das Knirschen von Kieselsteinen unter den Reifen, und dann waren nur noch zwei rote Rücklichter zu sehen, als Eliot Flaubert um die schöne Steinmauer bog.

DER GLÜCKSSTERN

Margaret, härmst du dich über
Goldenhain, der sich entblättert?
Blätter, wie Menschendinge, dein
Frischer Sinn, sag, mag er sich sorgen darum?
....
Es ist Welknis, für die wir geboren,
Es ist Margaret, um die du trauerst.

Gerard Manley Hopkins
(aus Maggies College-Lesebuch)

Während des kanadischen Herbstes wirft die Tamarack-Lärche ihre gelben Nadeln ab, die lautlos zu Boden fallen und einen Teil der Decke bilden, die die Erde vor dem Winter schützt. Mit ihrer Kaffeetasse in der Hand stand Maggie auf der Veranda des HARVEST MOON und betrachtete die Lärchen, die das gegenüberliegende Ufer säumten. Mit ihren leuchtend gelben Nadeln hoben sie sich gegen das dunklere Grün der immergrünen Nadelbäume ab. Robert Flaubert hatte ihr viele Dinge über ihre Umwelt beigebracht. Die Tamarack-Lärche, zum Beispiel, war lange, lange Zeit eine Freundin der Menschen gewesen. Sie sorgte für eine wunderschöne Winterdekoration, und die Ureinwohner hatten ihre dünnen Wurzeln benutzt, um ihre Kanus aus Birkenrinde zusammenzunähen. *Siehst du das?* hatte Robbie sie einmal gefragt. Ein heftiger Sommersturm hatte eine Lärche entwurzelt – Lärchen-Sandwespen hatten den Baum der Nadeln beraubt und dadurch absterben lassen –, und Robbie hatte sich vor das massive Wurzelgeflecht des niedergestreckten Baums gekniet. Robbie deutete auf eine bestimmte Wurzel, die rechtwinklig gebogen war. *Diese Wurzeln haben die Siedler früher benutzt, um damit die Spanten in ihren kleinen Schiffen zu verbinden und Baumstämme transportieren zu können.* Jetzt, fünfundzwanzig Jahre später – Eliots gesamtes Leben später –, stand Maggie mit ihrer Kaffeetasse auf der Veranda und bestaunte erneut diesen wundersamen Baum des Nordens. Es gab Zeiten, da hatte sie nicht geglaubt, jemals wieder eine Tamarack-Lärche zu sehen. Sie wußte, daß sie auch in New England wuchsen, aber da ihr Verbreitungsgebiet nur bis kurz unterhalb der kanadischen Grenze reichte, hatten sie für Maggie immer nur zum Kleinen Bärensee und den großen kanadischen Wäldern gehört. Und jetzt war sie wieder da und bewunderte die Lärchen, die für sie verglühten, sich in den wenigen Tagen seit ihrer Ankunft in flammendes Gold verwandelt hatten. Und Maggie schaute zum anderen Ende des Sees hinüber, zu der

Stelle, wo Eliots Haus stehen mußte, das Haus, das ihn warm hielt, das ihn im Winter vor dem Schnee und im Sommer vor Blitz und Donner schützte, genau wie das viktorianische Haus in der Beauchemin Street Maggies Familie so viele Jahre lang beschützt hatte. Doch sie konnte am anderen Ende des Sees nichts erkennen – es war zu weit weg –, nichts als blauen Himmel über den Bäumen und blauen Himmel, der sich im See spiegelte.

Er war nicht zur Arbeit erschienen, aber was hatte sie eigentlich erwartet? In der vergangenen Nacht hatte sie lange wach gelegen und sich gefragt, ob sie das Richtige getan hatte. Daß sie sich von ihm angezogen fühlte, war nicht mehr zu leugnen. Es war, als hätte sie Robbie auf einen Schlag verloren, dann wiedergefunden und schließlich wieder losgelassen. *Er ist nur zwei Monate älter als Lucy*, ging es ihr immer wieder durch den Kopf. Wie konnte sie so etwas überhaupt nur in Erwägung ziehen? Wie konnte es so weit kommen, daß sie nachts aufwachte, seinen Namen auf den Lippen? Wieso hatte sie seit der Dämmerung, als der Graureiher gekommen war, um vom Sprungbrett aus zu fischen, auf der Veranda gestanden? Wieso hatte sie zugesehen, wie die Lärchen in der frühen Morgensonne zu leuchten begannen, und gleichzeitig sehnsüchtig darauf gewartet, den Kies unter den Reifen des Pick-up knirschen zu hören und ihn durch die Einfahrt in der frisch restaurierten kleinen Mauer auf das HARVEST MOON zufahren zu sehen? Was würden die Kollegen im Institut sagen? Vor allem Mr. Walton, der Milton-Experte, dessen ganze Leidenschaft ein blau-roter, in einem Käfig eingesperrter Papagei war, dem er beigebracht hatte zu sagen: »Ahhh, das verlorene Paradies, ahhh, das verlorene Paradies.« Und Sharon Lipmann, die Elizabethanische Lyrik unterrichtete und jeden Freitag abend mit drei Kolleginnen der Kunstakademie Bridge spielte? Aber vor allem Diana und Lucy, was würden *sie* sagen? Maggie wußte es bereits. »Mom, du bist ein bißchen zu alt für solche Eskapaden«, würde die analytische, vernünftige Lucy sagen. Und sie würde großen Anstoß am Verhalten ihrer Mutter nehmen. »Leb es aus, Mom«, würde Diana ihr raten. Diana, die Romantische, die Dichterin in der Familie. »Du lebst nur einmal, also laß dir die Chance nicht entgehen, wenn dein Glücksstern dir leuchtet.« Und das bereitete Maggie das meiste Unbehagen, dieser Gedanke, daß man »nur einmal lebte«. Denn es erinnerte sie daran, daß Robert Flaubert für immer fortgegangen war. Seine Zeit unter der Sonne am Kleinen Bärensee war abgelaufen. Versuchte Maggie also nichts weiter, als ihn noch einmal zum Leben zu erwecken? Versuchte sie, ihn durch Eliot ein zweites Mal leben zu lassen?

Um zehn Uhr stapfte Claire die Treppe zu Maggies kleiner Wohnung hinauf, um eine Tasse Kaffee zu trinken. Sie hob die gläserne Kaffeekanne hoch und verzog das Gesicht, als sie die sirupartige Masse auf dem Kannenboden sah. Maggie nahm ihr die Kanne ab.

»Ich mache frischen«, sagte sie. »Der hier steht schon ziemlich lange.« Sie hatte keine Lust, Claire zu erzählen, daß sie diesen Kaffee gekocht hatte, als sie im Morgengrauen aufgestanden war, daß sie zusammen mit den Reihern und den Eistauchern beobachtet hatte, wie der Frühnebel sich über dem See auflöste.

»Eigentlich wollte ich schon um acht hier sein«, sagte Claire, ein Gähnen unterdrückend. »Aber ich war so erschlagen, daß ich wieder eingeschlafen bin, nachdem der Wecker geklingelt hatte. Ich hätte nie für möglich gehalten, daß ich das einmal sagen würde, aber Gott sei Dank gibt es noch Mütter, die ihre Kinder wecken.« Maggie rang sich ein Lächeln ab. Sie hatte die Kanne ausgespült, Kaffee in die Filtertüte gegeben und die Maschine angeschaltet. Mr. Coffee nahm lautstark seine Arbeit auf.

»Wo ist Eliot?« fragte Claire. »Ich hab gesehen, daß die Anstreicher unten sind und den Tanzboden lackieren. Sollte er nicht hier sein, wenn sie mit ihrer Arbeit anfangen?« Claire ließ sich an Maggies kleinem Küchentisch auf einen Stuhl fallen und wartete auf ihren Kaffee. Maggie überlegte, was sie ihr über den Vorfall in der vergangenen Nacht erzählen, ja ob sie ihn überhaupt erwähnen sollte. Es stimmte, daß um acht Uhr, als die Anstreicher eintrafen, von Eliot weit und breit nichts zu sehen gewesen war. Also hatte sie ihren Wachtposten auf der Veranda verlassen, wo sie, in demselben Pullover wie am Abend vorher, mit ihrem Kaffee gesessen hatte, die Lärchen betrachtet und zum anderen Ende des Sees hinübergestarrt und sich gefragt hatte, wie alles weitergehen sollte. Sich gefragt hatte, was sie zu ihm sagen würde, wenn er eintraf. Doch die Anstreicher waren in ihrem weißen Lieferwagen mit der Firmenaufschrift vorgefahren und hatten ihre Arbeit unter Maggies Anweisungen begonnen. Da hatte sie angefangen, daran zu zweifeln, daß er überhaupt kommen würde. Und wäre es nicht vielleicht das beste, wenn er tatsächlich nicht käme? Das war um acht Uhr gewesen. Jetzt war es nach zehn, und das Problem war, was sie Claire erzählen sollte.

»Er wird verschlafen haben«, sagte Maggie, während sie Claire eine Tasse frischen Kaffee einschenkte.

»Ich kann's ihm nachfühlen«, sagte Claire. Dann trank sie schnell ihre Tasse aus und stand auf. »Ich muß diese ganze Herbstdekoration abholen, die ich in Coreyville bestellt hab«, sagte sie. »Als ob wir hier in Little Bear künstliche Herbstblätter bräuchten. Und dann muß ich noch tausend andere Kleinigkeiten erledigen. Ich mach mich also auf die Socken. Danke für den Kaffee.« Und dann war sie weg, und es war keine Erklärung nötig gewesen. Eliots Abwesenheit, die wie eine Motte durch die Luft flatterte, war in der Stille der kleinen Küche zurückgeblieben, während von unten die Stimmen der Anstreicher eine rhythmische Geräuschkulisse bildeten. Als Maggie in der Morgendämmerung auf der Veranda gesessen und beobachtet hatte, wie der See zu neuem Leben erwachte, war sie davon überzeugt gewesen, daß es das beste sei, wenn er sich entschlösse, einfach nicht mehr wiederzukommen. Es wäre wirklich das beste. Schließlich konnte sie ihn nicht entlassen, sie konnte unmöglich Robbies Sohn feuern. Was würde das für sein ohnehin angeschlagenes Selbstwertgefühl bedeuten? Was würden die Leute von Little Bear Lake daraus schließen, die mit Sicherheit herausfinden würden, was geschehen war? Maggie wußte, daß die meisten Menschen, die in Kleinstädten leben, Augen im Hinterkopf haben. Deswegen war sie sich, als die Sonne im Osten über den Bergen aufging, sicher gewesen, daß es das beste wäre, wenn er von sich aus beschließen würde, einfach nicht mehr wiederzukommen, wenn er die Initiative ergreifen würde. Sie war sich *sicher* gewesen. Sie hatte es zu dem Graureiher gesagt, der vom Sprungbrett aus fischte. Sie hatte es zu den roten Eichhörnchen gesagt, die in den Baumkronen herumturnten. Sie hatte es zu dem Wind in den Lärchen gesagt, zur Sonne über dem See. Doch jetzt, als dieselbe Sonne auf den Zenit zuging und immer noch kein Zeichen von dem Pick-up zu sehen war, gab es nichts, dessen Maggie sich noch sicher war.

Um fünf Uhr kehrte Claire aus Coreyville zurück, bergeweise Einkaufstüten auf dem Rücksitz ihres Wagens und den Kofferraum voller Kartons.

»Das war ein langer Tag, auch wenn er erst um zehn angefangen hat«, sagte Claire. Maggie half ihr, alles hineinzutragen. Claire trank hastig ein Glas Wasser an der Theke, und dann war sie auch schon wieder zur Tür hinaus.

»Wir sehen uns morgen«, rief sie über die Schulter zurück. »Sag Eliot, daß ich die Platten abgeholt hab, die er bei Radio Shack bestellt hat. Ach ja, und sag ihm, Mr. McNair läßt ausrichten, daß die Armaturen für die Toiletten angekommen sind.« Maggie nickte nur, und schon bald war von Claire nur noch eine große Staubwolke zu sehen, die ihr kleiner roter Vega in der Einfahrt aufgewirbelt hatte. Maggie lobte die Anstreicher für ihre gute Arbeit, stellte ihnen einen Scheck aus, und dann waren auch sie fort. Und immer noch kein Zeichen von Eliot Flaubert.

Um sieben Uhr kochte sie sich in ihrer kleinen Küche etwas zum Abendessen, stellte ihren Teller und ein Glas Wein auf ein Tablett und trug es hinunter auf die Veranda. Und während das leise Plätschern des Sees zu ihr heraufdrang, spießte sie ein paar Erbsen mit ihrer Gabel auf, stocherte lustlos in den Kartoffeln herum, nippte hin und wieder an ihrem Wein. Und dann war das Abendessen beendet. Draußen auf dem See riefen die Eistaucher sich gegenseitig zu. Maggie ging zum Ufer hinunter, von wo aus sie den kleinen Steg besser sehen konnte, der verriet, wo sich das geheime Fleckchen befand. Eine Möwe saß auf einem der Pfosten, der einzige Besucher. Kein Eliot. Kein Geist seines Vaters. Sie überlegte, ob sie hingehen sollte, über den Pfad im Wald, durch die Brombeerranken und um den umgestürzten Baum herum, bis zu dem kleinen Birkenwäldchen. »Ich möchte nur wissen, ob es ihm gutgeht«, sagte sie sich. Doch sie wußte, daß es nicht stimmte. Sie wollte mehr als das.

Lange, nachdem die Dunkelheit sich über den See gelegt hatte, um kurz nach zehn, klingelte das Telefon. Maggie hatte in ihrem kleinen Arbeitszimmer gesessen und gelesen. Sie fuhr so heftig zusammen, daß sie das Buch zuschlug und das Glas mit Mineralwasser auf ihrem Tisch umstieß.

»Hallo?« sagte sie in der Erwartung, seine Stimme zu hören. Sie würde so tun, als sei sie nur um sein Wohlergehen besorgt. Sie würde sich nicht anmerken lassen, daß ihr bei dem Gedanken, ihn vielleicht nie wiederzusehen, das Herz bis zum Hals schlug.

Es war Lucy. »Mom? Hast du ein bißchen Zeit?« Und so plauderten sie über Lucys Studium, über das HARVEST MOON.

»Kommst du denn zu Thanksgiving«, fragte Maggie, »wenn du es schon nicht zum Eröffnungsball schaffst?« Lucy blieb unverbindlich, mehr noch als sonst. Sie wisse es noch nicht, sagte sie. Sie müsse noch ein paar Seminararbeiten schreiben, ein paar Bergwanderungen seien geplant. Aber sie würde es trotzdem versuchen.

»Ich würde dir und Diana Flugtickets schicken«, bot Maggie an, denn sie wußte, daß dies die Voraussetzung für einen Besuch war, da die Mädchen in ihrem erst kürzlich begonnenen Erwachsenenleben knapp kalkulieren mußten.

»Mal sehen«, sagte Lucy. Maggie fragte sich, ob die Scheidung ihrer Eltern vielleicht späte Nachwirkungen zeigte. Lucy war schließlich die ältere der beiden und hatte schon immer dazu geneigt, sich zu sehr mit Familienproblemen zu belasten. Lucy hatte es am heftigsten getroffen. So war es schon immer gewesen, ob ein Verwandter gestorben war oder ein Haustier, ob es Probleme in der Schule gegeben hatte, ein Familienurlaub abgesagt werden mußte, ob in der Welt eine Hungersnot ausbrach. Was es auch war, Lucy schleppte von allen Problemen einen Teil in ihrem Rucksack mit sich herum. Als sie die Stimme ihrer Tochter gehört und gespürt hatte, daß sie irgendwie innerlich aufgewühlt war, hatte sie ihren eigenen Kummer mit Eliot sofort vergessen. Statt dessen konzentrierte sie sich voll auf Lucy.

»Liebes«, sagte sie. »Stimmt irgend etwas nicht? Ich bin ganz Ohr. Ich bin für dich da, falls du jemanden zum Reden brauchst.« Sie wartete ab.

Sie hörte Lucy am anderen Ende der Leitung, hörte sie mehrmals tief seufzen und mit etwas wie einem Bleistift trommeln: eindeutige Anzeichen dafür, daß ihre Tochter ziemlich erregt war. Schließlich entschloß Lucy sich, zu erzählen, was sie offenbar hatte sagen wollen, als sie angerufen hatte.

»Mom«, sagte sie tonlos. »Sie ist schwanger.«

Maggie spürte eine plötzliche Taubheit in ihrem Gesicht, in ihrer Brust. Diana – schwanger? O nein, nicht Diana, nicht eine ihrer Töchter, nicht so jung, wo sie noch das ganze Leben vor sich hatten.

»Kannst du dir das vorstellen?« fragte Lucy, und jetzt hörte Maggie die Wut in ihrer Stimme. Lucy wäre nicht wütend, wenn ihre Schwester schwanger wäre. Sie würde sich vielleicht Sorgen machen. Aber Lucy war wütend. Und dann wußte Maggie Bescheid.

Der Form halber erkundigte sie sich: »Liebes«, fragte sie ruhig, »wer ist schwanger?«

»Bridgette!« rief Lucy. »Wer sonst? Es ist mir so *peinlich.*« Maggie schüttelte den Kopf. Sie versuchte, alles in die richtige Perspektive zu rücken. Arme Lucy und arme Diana. Das hatte etwas mit *Blutsverwandtschaft* zu tun. Jetzt würden sie bis an ihr Lebensende mit Bridgette verbunden sein. Und dieses neue Baby, ein unschuldiger Fremder. *Blut von ihrem Blut.*

»Es gibt keinen Grund, warum dir das peinlich sein sollte«, sagte Maggie. »Du hast dir doch nichts zuschulden kommen lassen. Und die Sache ist eigentlich gar nicht so schlecht, wie du denkst. Stell dir vor, demnächst wirst du ein kleines Baby um dich haben. Das wird eine ganz neue Erfahrung für dich sein.« Plötzlich wurde ihr klar, daß Joe über siebzig sein würde, wenn Bridgettes Kind in Lucys Alter war. Das war wirklich ein Horrortrip wie aus den Sixties.

»Soll das heißen, es macht dir nichts aus?« fragte Lucy. Maggie mußte lächeln. Sie sorgten sich immer noch um sie, ihre Mädchen, versuchten immer noch, sie zu beschützen, nachdem ihr Vater die Familie verlassen hatte.

»Jedenfalls nicht auf die Weise, wie es dir etwas ausmacht«, sagte Maggie. »Also mach dir meinetwegen keine Gedanken, Liebes. Keine Sorge, es wird schon alles gut werden.«

Nachdem sie und Lucy sich verabschiedet hatten, hatte Maggie den Hörer aufgelegt und eine Stunde lang geheult. Joe und Bridgette bekamen ein Baby! Wieso setzte ihr das so zu? Wieso hatte sie nicht damit gerechnet, daß es früher oder später passieren würde? Hatte sie sich nicht endgültig von ihrem bisherigen Leben, von ihrem Heim und dem Mann in dem viktorianischen Haus in der Beauchemin Street verabschiedet? Oder war es Eifersucht? Eifersucht darauf, daß Joe ohne Gewissensbisse mit einer anderen Frau ein neues Leben anfing, während sie, Maggie Patterson, offenbar unfähig war, dasselbe zu tun? Was immer es sein mochte, es tat weh.

Maggie war schon wach, als es zu dämmern begann. Schon zum zweitenmal hörte sie morgens die ersten Raben krächzen. Während der vergangenen Nacht war sie zu mehreren Schlüssen gekommen. Erstens gab es schlimmere Dinge auf der Welt als die Geburt von Babys. Die Mädchen würden sich bestimmt in dieses kleine Halbgeschwisterchen verlieben, würden an der Erfahrung wachsen. Joe würde jung bleiben, würde weiterhin bezüglich der Hitliste auf dem laufenden bleiben, mindestens bis zum Jahr 2015, dem Jahr, in dem er an seiner dritten Schulabschlußfeier teilnehmen würde. Maggie hatte inzwischen gelernt, daß Menschen wie Joe von *irgend jemandem* oder *irgend etwas* jung gehalten werden mußten. Es gab also Schlimmeres als Babys. Und während der Morgennebel sich über den See legte und sie sich vorstellte, wie der Graureiher bereits auf seinem Pfosten saß und mit dem Fischen begann, da wußte sie, daß man Geister nicht zum Leben erwecken kann: Robert Flaubert war für immer fortgegangen. Damit würde sie leben müssen. Und wenn sie sich erst einmal gründlich ausgeschlafen hatte, würde sie dafür sorgen, daß Little Bear Lake in drei Tagen den schönsten Herbstball erleben würde, den es je im HARVEST MOON gegeben hatte. Wenn sie nur endlich schlafen könnte. Und wenn sie endlich aufhören könnte, an Eliot zu denken.

E-1 AUF DER MUSIKBOX

Herbstvollmond: Vollmond vor dem herbstlichem Äquinoktium ... weil der Herbstmond, wie jeder Vollmond, bei Sonnenuntergang aufgeht, können die Erntearbeiter in der nördlichen Hemisphäre mehrere Tage lang nach Sonnenuntergang das helle Mondlicht ausnutzen ...

(aus Maggies alter College-Enzyklopädie)

Um neun Uhr am nächsten Morgen, einem wunderschönen Freitagmorgen in Little Bear Lake, wurde Maggie von munterem Stimmengewirr vor dem Haus geweckt. Sie hatte so tief und fest geschlafen, daß sie nicht gehört hatte, wie die Wagen vorgefahren waren, wie Türen zugeschlagen und Werkzeugkisten abgeladen worden waren. Sie hatte nichts von alldem mitbekommen. Aber sie hatte die drei Stunden Tiefschlaf, die ihr gegönnt waren, bitter nötig gehabt. Sie schaltete die Kaffeemaschine ein und spähte durch das Küchenfenster in der Hoffnung, Eliots Pick-up zu sehen. Sie hatte den Augenblick hinausgezögert, war nicht sofort an das Küchenfenster getreten, um hinauszuschauen. Sie hatte sich das Gesicht gewaschen, die Zähne geputzt – keine Zeit für eine Dusche heute früh – und war dann in die Küche gegangen, um sich Kaffee zu kochen, bevor sie die Vorhänge beiseite geschoben hatte, um nachzusehen, was draußen vor sich ging. Ihr Herz hatte wie wild geklopft, als sie schließlich einen Blick hinaus gewagt hatte. Was sie erblickte, waren Claires Wagen und ein anderes Auto, das sie noch nie vor dem HARVEST MOON gesehen hatte, ein roter PKW, der in der Sonne leuchtete. Und unter dem riesigen alten Ahornbaum, seit mehr als einem Vierteljahrhundert Gils Parkplatz, stand der alte Ford von Gil und Maudy. Kein Pick-up. Aber vor allem kein Pick-up, der Eliot Flaubert gehörte. Es sei denn, er war in einem roten PKW gekommen, den er sich womöglich geliehen hatte. Maggie seufzte. Was war nur mit ihr los? Wie Claire von Charlie, ihrem treulosen ersten Mann gesagt hatte: Maggie brauchte eine gehörige Dosis Realitätssinn.

Durch die Eingangstür zum MOON hörte Maggie Claires Stimme in der frischen Morgenluft. Claire klang fröhlich und aufgeregt. Maudy war gerade dabei, Gil von der Veranda aus Anweisungen zu geben, wie er eine Außendekoration anbringen sollte.

»Es hängt schief, Gil«, hörte Maggie sie sagen. »Ein bißchen nach links. So ist es besser.«

»Nun sieh dir das an«, sagte Gil, »jetzt ist es wirklich schief.«

In einer der Toiletten gaben sich ein paar Handwerker lautstark gegenseitig Anweisungen. Vom Tanzsaal aus, wohin Maggie gegangen war, um nachzusehen, was Claire tat, waren sie deutlich zu vernehmen. Die große Musikbox war von der Wand abgerückt worden, und Claire hantierte jetzt dahinter herum. Maggie lauschte noch einen Moment lang auf die Stimmen in den Toiletten, wo es offenbar um die Armaturen ging, die gerade montiert wurden. Sie hatte gehofft, Eliots Stimme herauszuhören, doch kein vertrauter Ton drang an ihr Ohr.

»Guten Morgen«, sagte Maggie schließlich zu Claire, die hinter der Musikbox hervorlugte und sie gut ausgeschlafen angrinste. »Du siehst heute morgen richtig frisch und munter aus«, fügte Maggie hinzu.

»Ich wünschte, ich könnte dasselbe von dir behaupten«, bemerkte Claire. »Hast du in letzter Zeit schlecht geschlafen?«

Maggie zuckte die Achseln. »Die ganze Aufregung wegen des Eröffnungsballs«, sagte sie. »Aber ich hab ja noch einen Tag Zeit, um ein bißchen Schlaf nachzuholen. Was machst du da eigentlich?« Claire kam hinter der Musikbox hervor und schob das Monstrum mit Maggies Hilfe zurück an die Wand.

»Eliot geht's nicht gut«, sagte sie. »Er hat mich gestern abend angerufen, um mir zu sagen, daß er heute zwei Leute vorbeischickt, die die neuen Armaturen an den Waschbecken in den Toiletten anbringen sollen.« Als Maggie spürte, wie sie leicht errötete, ging sie hinter die Theke, um sich ein Glas Orangensaft zu holen, in der Hoffnung, Claire würde ihre Verlegenheit nicht bemerken.

»Es geht ihm nicht gut?« fragte sie, während sie sich bückte, um nach der Flasche zu suchen. Anscheinend hatte Claire nichts mitbekommen. Sie kletterte gerade auf eine Leiter neben dem Durchgang zum Tanzsaal, eine Girlande aus künstlichen Herbstblättern in der Hand.

»Wahrscheinlich ist er nur erschöpft«, sagte Claire. »Wir haben alle in den letzten Wochen ziemlich hart gearbeitet. Ach ja, ich hab die Platten, die er bestellt hatte, in die Musikbox getan. Die, die ich gestern in Coreyville abgeholt hab. Die Platte, die ihm besonders wichtig war, ist auch angekommen. Die junge Verkäuferin in dem Laden meinte, sie wußte gar nicht, daß Platten überhaupt noch hergestellt werden. Sie hat die Dinger angestarrt, als wären es Relikte aus der Steinzeit. Sag Eliot nicht, daß ich dir das erzählt hab, aber er hat diese Platte extra für dich bestellt, als Überraschung. Und sie wird dir gefallen. Sie ist von Neil Young. Wußtest du, daß er Kanadier ist?« Maggie war dankbar, daß Claire wie üblich drauflos sprudelte. Das bedeutete, daß sie von Maggies Kummer nichts bemerkt hatte.

»Das ist aber nett«, sagte Maggie. »Und, ja, ich weiß, daß Neil Young Kanadier ist. Wieso – war das ein Geheimnis?«

Maudy und Gil hatten offenbar ihre Differenzen über die Kunst des Aufhängens von Dekoration beigelegt, denn sie erschienen gerade gut gelaunt in der Tür.

»Ein schöner Morgen, nicht wahr?« sagte Maudy und drückte Maggie zur Begrüßung. Gil hob kurz die Hand zum Gruß und verschwand in der Tür zu den Toiletten, wo immer noch die Stimmen der Handwerker zu hören waren.

»Er glaubt, er müßte alles persönlich überwachen«, flüstete Maudy.

»Na, dann sind wir wenigstens in guten Händen«, sagte Maggie.

»Hallo Claire, Liebes«, sagte Maudy. Sie war an die Leiter getreten und schaute zu Claire hinauf, die die Laubgirlande mit den Zähnen festhielt, während sie sie um den Draht wickelte, den sie quer durch den Raum gespannt hatte. »Bist du sicher, daß du genug Obst und Gemüse für die kalten Platten besorgt hast?«

»Ja, Maudy«, sagte Claire durch die Blätter in ihrem Mund.

»Und was ist mit diesen komischen kleinen Dingern, die Maggie haben wollte?«

»Die Canapés«, sagte Claire. »Die hab ich auch besorgt, Maudy.«

»Und die Salate aus dem Delikatessenladen?«

»Die auch.« Über Maudys grauen Schopf hinweg warf Claire Maggie einen wütenden Blick zu und hob die Brauen auf ihre berühmte Art und Weise.

Maggie hob ebenfalls die Brauen, wie um zu sagen *Tja, da mußt du jetzt durch, Claire, Liebes*. Dann trat sie ans Fenster und spähte nach draußen. Nach wie vor war außer Claires Auto, Gils Ford unter dem Ahorn und dem neuen roten Wagen nichts zu sehen. Während Maudy der entnervten Claire weiterhin alle möglichen Anweisungen gab, ging Maggie durch die Fliegengittertür auf die Veranda hinaus. Dort, neben der Tür, hingen die Früchte von Gils und Maudys morgendlicher Gemeinschaftsarbeit: zwei Plastikfüllhörner, aus denen künstliche Äpfel, Trauben, Eicheln und Herbstblätter quollen. Ein Hauch *echten* Landlebens. Von der Veranda aus konnte Maggie eben noch das Ende des kleinen Stegs ausmachen, doch es war kein Lebenszeichen zu sehen, nicht einmal die Möwe, die sonst so gern auf einem der Pfosten saß. Kein Lebenszeichen. Am anderen Ende des Sees waren ein paar Boote wie kleine Punkte zu erkennen, Fischer, die ihren letzten Fang einholten, bevor die Saison zu Ende ging. Doch Eliots Haus war zu weit entfernt, um es zu sehen. Sie konnte nur vermuten, daß es dort drüben irgendwo war. Ob er auch zu ihr herüberschaute, vielleicht von einem kleinen Steg aus? Robert hatte bestimmt einen Steg vor seinem Haus gebaut, daran bestand kein Zweifel. Es gab ein ungeschriebenes Gesetz unter Seeanrainern: Wer am Wasser wohnt, hat einen Steg. War Eliot dort draußen und beobachtete die Fischer von seinem Ufer des Sees, von einer anderen Perspektive aus?

War das HARVEST MOON, dieses stattliche, weiße Haus direkt am Ufer, so groß, daß er es von seinem Haus aus erkennen konnte?

Gegen Mittag, als die Männer mit den Klempnerarbeiten in den Toiletten fertig waren, nahm Maggie ihr Scheckheft, das neue mit dem Aufdruck *Harvest Moon* auf jedem Scheck, um die beiden Handwerker zu bezahlen. Sie war verblüfft, als sie sah, wie jung die Männer noch waren, die auf die Theke zukamen, ihre Arbeitshandschuhe auszogen und nach den Gläsern mit Eistee griffen, die Maudy ihnen bereitgestellt hatte. Gil stellte die beiden kurz vor.

»Freunde von Eliot«, fügte er hinzu. Maggie nickte zum Gruß.

»Freut mich, Sie kennenzulernen«, sagte sie. »Wieviel bin ich Ihnen schuldig?« Der größere der beiden sah sie verdutzt an. Er schüttelte den Kopf.

»Sie schulden uns überhaupt nichts«, sagte er. »Eliot hat uns schon so oft einen Gefallen getan – wir waren ihm noch was schuldig.«

Maggies Verwirrung stand ihr offenbar im Gesicht geschrieben.

»Eliot ist hier in Little Bear Lake sozusagen das Mädchen für alles«, sagte der andere. »Aber von Freunden nimmt er nie Geld für seine Arbeit. Letzte Woche hat er mir umsonst mein Boot repariert, und letzten Monat hat er mir beim Dachdecken geholfen. Jetzt hat er mich gebeten, die restliche Arbeit an den sanitären Anlagen zu machen. Und ich hab meinen Bruder mitgebracht, um ihm das Klempnern beizubringen.« Mit einer Kopfbewegung deutete er auf den jungen Mann neben sich. »Nicht der Rede wert«, fügte er grinsend hinzu.

Maggie klappte ihr Scheckheft zu. Kein Zweifel, sie befand sich auf dem Land. »Vielen Dank«, sagte sie und streckte ihre Hand aus. »Falls Sie morgen zum Eröffnungsball kommen, gehen Ihre Getränke auf mich.«

»Wir wären auf jeden Fall gekommen«, sagte der größere der beiden. »Seit der Laden hier dichtgemacht hat, haben wir nicht mehr getanzt.«

»Du kannst doch sowieso nicht tanzen«, sagte der andere. »Der Anblick ist uns drei Jahre lang erspart geblieben.« Er lächelte Maggie an.

»Wir sehen uns auf dem Ball«, sagte sie und sah zu, wie die beiden in ihren roten Wagen stiegen und losfuhren, Gil und Maudy in ihrem alten Ford hinterher. Jetzt war nur noch Claire übrig. Sie kletterte von ihrer Leiter und begutachtete das Blätterwerk, das über ihrem Kopf rankte. Sie nickte zufrieden.

»Na?« fragte sie Maggie. »Was meinst du?«

Maggie betrachtete die künstlichen Ahornblätter an der Decke und nickte anerkennend. »Klasse«, sagte sie.

»Ach, die Blätter meine ich nicht«, sagte Claire. Sie drehte sich um und durchbohrte Maggie mit ihrem alten *Ich-durchschaue-dich-sowieso-Blick.* »Ich meine, was glaubst du, was mit Eliot wirklich los ist?«

Lange Zeit saßen Maggie und Claire schweigend auf der Veranda und tranken Irish Coffee, den Maggie in ihrer kleinen Küche zubereitet hatte. Maggie wußte, daß Claire ihr Zeit lassen wollte, ihre Gedanken zu ordnen, und sie war diejenige, die das Schweigen schließlich brach. Es war ihr Vorschlag gewesen, sich auf die Veranda zu setzen, um zu reden. Sie mußte unbedingt jemandem ihr Herz ausschütten, und Claire hatte offenbar mitbekommen, daß irgend etwas im Busch war.

»Was soll ich nur tun?« fragte Maggie schließlich. Sie schaute ihre Freundin an und wünschte, Claire könnte ihr eine Antwort geben. »Hast du eine Ahnung, wie es ist, nachts aufzuwachen und festzustellen, daß du dich in den Sohn deines früheren Freundes verliebt hast?«

Claire schüttelte den Kopf. »Das ist eine verrückte Situation«, sagte sie. »Echt wahr? Und ich dachte, ich hätte schon alles erlebt.«

Am westlichen Horizont, jenseits des Sees, war gerade noch ein Rest Sonne zu sehen, dann war sie verschwunden. Maggie sah zu, wie der Himmel sich innerhalb weniger Minuten erst gelb, dann rot, dann rosa färbte. Die Natur bemalte den Himmel, als wolle auch sie sich für das große Fest schmücken.

»Es macht mich völlig verrückt, Claire«, sagte

Maggie. »Ich liege jede Nacht wach. Und jetzt mache ich mir auch noch Sorgen um ihn. Er hat in letzter Zeit genug durchgemacht.«

Claire nickte. Sie trank ihren Irish Coffee aus und stellte das Glas auf den Tisch. Sie stand auf, zog ihren Pullover fester um sich und starrte auf den See hinaus. Dann drehte sie sich zu Maggie um.

»Wieso hast du mich eigentlich nicht gefragt, ob Robbie dir je verziehen hat?« fragte Claire plötzlich.

Maggie zuckte die Achseln. »Wahrscheinlich aus Angst vor der Antwort.«

»Also, ich sag's dir trotzdem«, sagte Claire. »Vielleicht hilft es dir ja. Er hat dir verziehen. Woher ich das weiß? Weil er irgendwann angefangen hat, von dir zu sprechen. Okay, wir mußten uns zehntausendmal *›Woman, Woman, Have You Got Cheating on Your Mind?‹* von Gary Puckett anhören, bis er sich endlich von dir lösen konnte. Aber er hat's geschafft. Eines Abends, kurz nachdem er Julia kennengelernt hatte, sind die beiden zusammen ins MOON gekommen. Julia ist an irgendeinen Tisch gegangen, um mit Freunden zu reden, die sie aus Coreyville kannte, und da hat Robbie angefangen, über die alten Zeiten zu reden und darüber, wieviel Spaß wir drei zusammen hatten. »Weißt du noch, wie wir dies oder das gemacht haben?« oder: »Wie es Maggie wohl gehen mag?« Und ich hab gesagt: »Weißt du was, Robbie, ich hab keine Ahnung, ob Maggie glücklich ist oder nicht. Ich hoffe es. Aber wo immer sie sein mag, was immer sie tut, sie hat uns auf keinen Fall vergessen. Sie erinnert sich genauso an uns, wie wir uns an sie erinnern.« Nach dem Abend schien er nur noch Augen für Julia zu haben, ein wunderbares Mädchen. Du mußt das alles aus der richtigen Perspektive betrachten, Maggie. Ihr wart füreinander die erste große Liebe, und manchmal fällt es schwer, sich von seiner ersten großen Liebe zu lösen. Die erste große Liebe bleibt immer romantisch verklärt. Aber auch sie geht vorbei.«

»Er hat mir verziehen?« fragte Maggie leise und kämpfte mit den Tränen. Claire nickte.

»Ich hätte es dir gleich sagen können«, sagte Claire, »als du hier in Little Bear angekommen bist. Ich hab die ganze Zeit darauf gewartet, daß du danach fragen würdest. Aber, Maggie, es gab eigentlich gar nichts zu verzeihen. Ihr wart doch beide so jung.«

»Warum ist das Leben bloß so kompliziert«, sagte Maggie. »Und man bekommt noch nicht mal eine Gebrauchsanweisung.«

»Weißt du, was ich von der ganzen Sache halte?« fragte Claire schließlich. Maggie schüttelte den Kopf. Sie hatte keine Ahnung, was irgendwer dachte, weder Claire noch Eliot, noch sie selbst.

»Sag's mir«, bat Maggie. »Sag mir, was du denkst.«

Claire kniete sich neben Maggie und schaute ihr in die Augen. Dann nahm sie Maggies Hand und tätschelte sie liebevoll.

»Ich denke, daß Liebe, *echte* Liebe, egal, in welcher Form sie auftritt, sich immer lohnt«, sagte Claire. »Du brauchst dich also nur zu fragen, ob es sich um echte Liebe handelt. Wir befinden uns nicht mehr im Jahr 1969. Solange du das nicht vergißt, kann dir gar nichts passieren. Du mußt dir nur über die Antwort auf diese Frage im klaren sein. So, und jetzt muß ich los. Wie wär's mit einer Tasse Kaffee morgen früh, hier auf der Veranda?«

Maggie nickte. »Acht Uhr?« fragte sie.

»Ich freue mich jetzt schon auf die Zeit nach dem Eröffnungsball, wenn wir wieder bis zehn schlafen können«, sagte Claire. »Meine innere Uhr denkt bestimmt, ich hätte sie vollkommen vergessen.« Dann umarmte sie Maggie und machte sich auf den Weg.

Nach dem Abendessen, das sie an einem der Tische vor dem großen offenen Kamin zu sich genommen hatte, fühlte Maggie sich völlig erschöpft. Sie blieb noch lange am Tisch sitzen, trank von ihrem Rotwein und betrachtete das prasselnde Feuer im Kamin. *Es ist nicht das Holz, das brennt, jedenfalls nicht direkt*, hatte Robbie ihr einmal erklärt, als sie zusammen vor diesem Kamin gesessen und auf den Regen gelauscht hatten, der gegen die Scheiben trommelte. *Die Hitze treibt Gas aus dem Holz, und wenn dieses Gas mit dem Sauerstoff in der Luft reagiert, dann entzündet es sich.* Er hatte ihr so viele Dinge beigebracht, Dinge, die sie in all den Seminaren über Geschichte, Kunst, Musik und Literatur nie hätte lernen können. Die *wichtigen* Dinge über die Natur, die Dinge, die man einfach nicht in Lehrbüchern nachlesen kann. *Siehst du das Schilfrohr dort, Maggie? Solange Schilfrohr in der Nähe ist, wirst du nie verhungern. Man kann die Wurzeln schälen und genau wie Kartoffeln zubereiten.* Er hatte von dem Sumpfgebiet gegenüber dem HARVEST MOON gesprochen, das weite Feld, wo die Amseln sich gern scharenweise einfanden. Bei gemeinsamen Ausflügen hatte Robbie ihr jeden Vogel, jede Blume, jeden Schmetterling benannt und manchmal, während Maggie wartete, auf seinem Zeichenblock skizziert. *Man kann die Wurzeln sogar trocknen und zu Mehl mahlen. Und auch die Sprößlinge kann man essen. Hast du schon mal von russischem Spargel gehört?* So viele Dinge. Was würde er wohl heute über die menschliche Natur sagen? Was würde er sagen, wenn er wüßte, was sie für seinen Sohn empfand?

Maggie stand auf, das Weinglas in der Hand, und überließ das Feuer sich selbst. Sie trat auf die Veranda und lauschte in die Nacht hinaus. Sie hörte das entfernte Geräusch eines Autos, das um den See herum fuhr, die Uferstraße entlang, und dann sah sie die Scheinwerfer, zwei weiße Lichtkegel, die der Wagen scheinbar verfolgte. Kurz darauf waren an die Stelle der Scheinwerfer zwei rote Rückleuchten getreten, die sich immer weiter von ihr entfernten, zwei glühende Zigarettenspitzen in der schwarzen Nacht. Und dann waren auch sie verschwunden. Sekunden später war nicht einmal mehr das Motorengeräusch zu hören, und es war, als hätte sie sich das einsame Auto nur eingebildet. Stille legte sich wieder über den See. In der Ferne schrie eine Zwergohreule. Als Maggie am Kleinen Bärensee zum erstenmal den Schrei einer solchen Eule gehört hatte, hatte dieser ihr, der Stadtpflanze, Angst eingejagt, so unheimlich, so geisterhaft hatte er geklungen. Robbie hatte sie zunächst ausgelacht, doch dann, als er gesehen hatte, wie ängstlich sie war, hatte er erklärt: *Das ist nur ein ganz kleiner Vogel, Maggie, für eine Eule geradezu winzig.* Und in seinem Bemühen, sie von ihrer Angst abzulenken, hatte er ihr fachmännisch erklärt: *Die Zwergohreule veranstaltet beim Fressen immer eine Riesensauerei. Sie verschlingt ihre Beute im Ganzen oder in großen Teilen und würgt Fell, Knochen und Federn hinterher als kompakte Kugel wieder aus.* Doch Maggie hatte sich die Ohren zugehalten und wieder an den unheimlichen Schrei denken müssen. *Hör auf,* hatte sie gefleht, *bitte!* Bis der Sommer zu Ende ging, hatte sie den schauerlichen Gesang der Zwergohreule lieben gelernt. Selbst an ihren Tischmanieren hatte sie keinen Anstoß mehr genommen. Auf der Veranda vor dem MOON lauschte Maggie in die Nacht hinaus in der Hoffnung, den Vogel noch einmal rufen zu hören, den Schrei der Zwergohreule noch einmal zu hören und sich ihren Erinnerungen hinzugeben. Statt dessen drangen ganz andere Klänge an ihr Ohr: Musik, die von dem kleinen Steg her zu ihr herübergeweht wurde, von dem geheimen Plätzchen, Musik, die über das nachtschwarze Wasser getragen wurde. Eliot. Während sie zuhörte, versuchte sie, sich ihn dort in der Dunkelheit vorzustellen. Seit drei Tagen schon hielt er sich HARVEST MOON fern. Was ging ihm durch den Kopf? Würde er nie wieder kommen? Maggie spürte seine Gegenwart da draußen, als wäre er ein Teil der Nacht, ein Teil der Erde und des Wassers, das die Ufer auswusch.

Maggie ging zurück in den Schankraum, öffnete die Kasse und nahm eine Handvoll Vierteldollarmünzen heraus. Claire war bei der Bank gewesen und hatte reichlich Wechselgeld besorgt. Maggie beugte sich über die Musikbox, stützte sich mit einem Arm auf und las die Plattentitel. Es war nicht schwer zu erraten, wer *»Clair«* von Gilbert O'Sullivan gewählt hatte. Sie las weiter. Sie waren alle da, all die Songs, die Robbie so geliebt hatte, als sie sich kennenlernten, lauter alte Songs, beinahe schon Klassiker. *»Blue Moon«* (Junge sucht Mädchen). *»Some Enchanted Evening«* (Junge trifft Mädchen). *»Stranger in Paradise«* (Junge verliebt sich in Mädchen). *»You Send Me«* (Es wird ernst). *»Light My Fire«* (Richtig ernst).

Musik bleibt immer bestehen, dachte Maggie. Wie das Licht reist sie irgendwo durch das All und kehrt zurück und bringt dieselben Gefühle mit, dasselbe Lachen und denselben Schmerz. Sie las die Titel noch einmal. Sam Cooke. *»You Send Me.«* Er war 1964 im Alter von neunundzwanzig Jahren erschossen worden, wahrscheinlich von dem eifersüchtigen Ehemann einer Weißen. Was für ein Talent, was für ein gutaussehender junger Mann. Tot. Verschwunden, bis auf seine Platten, die immer noch existierten. Und Ezio Pinza. Maggie drückte die Tasten, M7 – M für Maggie –, und schon bald füllte die volle Stimme den Raum, im Einklang mit den orangefarbenen Schatten des Feuers, die über die Wände huschten. Maggie begann zu tanzen, ganz allein, so wie Robbie immer zu dieser Musik getanzt hatte, drehte sich im Takt, die Arme erhoben, so als tanze sie mit einem Geist, die eine Hand an seiner Schulter, die andere eine unsichtbare Hand haltend. Sie drehte sich auf dem Tanzboden, tanzte mit der Erinnerung. Oder doch nicht? Als das Stück zu Ende war, zwang sie sich, zurück an die Musikbox zu gehen und die Titel noch einmal zu überfliegen. Da war es. Neil Young. Der gute alte Neil, der immer noch die alten Stücke sang, der immer noch da war, der immer noch den alten Schmerz spürte, ihn immer noch besang, der immer noch die guten alten Zeiten heraufbeschwor. *»Harvest Moon.«* Das war der Titel des Songs, in Claires sauberer Handschrift auf das Etikett geschrieben. Kein Wunder, daß Eliot sie hatte überraschen wollen. *»Harvest Moon.«* Was für ein perfekter Titel für den großen Eröffnungsball. Sie drückte die Tasten, E1 – E für Eliot, genau wie Gil es früher für seine Gäste gemacht hatte. Sein persönliches Alphabet. Claire hatte die Tradition also wieder aufgenommen. Claire hatte nichts aus der guten alten Zeit vergessen. Die Musik setzte ein, langsam und sanft. *»Come a little bit closer, Hear what I have to say, Just like children sleepin', We could dream this night away.«* Wieder begann Maggie zu tanzen, Tränen traten ihr in die Augen, als sie den Text zum erstenmal hörte. Sie tanzte für das Feuer. Sie tanzte zu Ehren der Eistaucher und des Seewassers, so wie die Ureinwohner vor Zeiten an diesem Ufer getanzt hatten, um ein Kiefernholzfeuer, das der Blitz entzündet hatte. Sie tanzte zu Ehren der Toten. Sie tanzte für die Lebenden. *»But there's a full moon risin', Let's go dancing in the light, We know where the music's playin', Let's go out and feel the night, Because I'm still in love with you, I want to see you dance again, Because I'm still in love with you, On this harvest moon.«*

DER BALL

When we were strangers
I watched you from afar,
When we were lovers
I loved you with all my heart,
But now it's gettin' late
And the moon is climbin' high,
I want to celebrate
See it shinin' in your eye,
Because I'm still in love with you
I want to see you dance again
Because I'm still in love with you
On this harvest moon.

»Harvest Moon« von Neil Young

Als der Tag des großen Eröffnungsballs kam, war der Himmel über dem Kleinen Bärensee so blau, wie Maggie ihn noch nie gesehen hatte. Selbst Maudy war so beeindruckt, daß sie Maggie um neun Uhr früh anrief, um sie zu fragen, ob sie schon draußen gewesen sei und den wolkenlosen Himmel gesehen hätte, das Blau des Himmels, das sich im See spiegelte, und den Teppich aus rotem und orangefarbenem und gelbem Laub, der sich über die Hügel gebreitet hatte.

»Es ist ein richtiger Bilderbuchmorgen«, hatte Maudy gesagt. »Ich glaube, ich habe noch nie einen so wundervollen Herbstmond-Tag erlebt. Außer das eine Mal, als es so schön und mild war, daß die Band auf der Veranda gespielt hat und alle unten am Seeufer getanzt haben. Erinnerst du dich noch? Robbie hat damals ein riesiges Feuer gemacht.« Maggie lächelte. Sie erinnerte sich. Und es tat gut, jemanden Robert Flauberts Namen aussprechen zu hören. Ja, er hatte ein Feuer gemacht, ein richtiges Freudenfeuer, und dabei hatte er die ganze Zeit gesungen *»Light My Fire«*, einen von seinen Lieblingssongs. Robbie hatte alle Leute unterhalten und war wie ein indianischer Tänzer um das Feuer gehüpft.

»Wir kommen heute ein bißchen früher«, sagte Maudy. »Ach ja, und sag Eliot, er soll das Gras an der Mauer entlang mähen lassen. Gil sagt, wir brauchen noch mehr Parkplätze.«

»Ich werd's ihm sagen«, erwiderte Maggie.

»Ich bin sicher, er wird dran denken«, sagte Maudy. »Gil hat es letzte Woche noch erwähnt. Aber für alle Fälle.«

»Für alle Fälle«, wiederholte Maggie. Die beiden hatten gar nicht bemerkt, daß Eliot seit vier Tagen nicht mehr dagewesen war, so sehr waren sie damit beschäftigt gewesen, alles Nötige für den großen

Eröffnungsball vorzubereiten. Aber was war, wenn er auch heute nicht auftauchte? Was, wenn er nicht zum Ball kam? Wie würde Maggie ihnen das erklären?

Claire bog in die Einfahrt ein, begleitet von einer Staubwolke, die ihr kleiner Chevy Vega immer aufzuwirbeln schien. Maggie stand in der Tür, als Claire mit zwei Tüten in den Armen hereinkam.

»Guten Morgen, Mrs. Robinson«, sagte sie, doch Maggie sagte nichts. Sie konnte noch nicht mal über diese Anspielung lächeln, obwohl sie wußte, daß Claire schwierige Situationen immer mit einem Scherz überspielte. Maggie sah zu, wie Claire die Tüten auf der Theke abstellte.

»Nun?« fragte sie schließlich.

»Ich hab seit gestern abend vier Nachrichten auf seinem Anrufbeantworter hinterlassen«, sagte Claire. »Er hat nicht einmal zurückgerufen. Also bin ich heute morgen auf meinem Weg hierher bei ihm vorbeigefahren. Sein Pick-up war nirgendwo zu sehen. Was soll ich dir sagen?«

Maggie erwiderte nichts. Sie ließ Claire allein an der Theke zurück, wo sie die Schichtpläne für die vier Kellnerinnen, die sie eingestellt hatte, überarbeitete. Sie sollten heute abend alle vier arbeiten, da sie damit rechneten, daß es sehr voll werden würde. Anschließend würde Claire die Arbeitspläne für die weniger hektischen Abende und Wochenenden bis zum Sommer aufstellen, wenn die Feriengäste wieder in Little Bear Lake einfallen würden. »Die kleine Hargrove ist ungefähr so geschickt, wie du früher warst«, hatte Claire Maggie eine Woche zuvor erklärt. All dies kam Maggie jetzt so unwichtig vor. Was als Maggies großes Abenteuer angefangen hatte, war ihr jetzt nur noch lästige Pflicht, und sie fragte sich, warum. Wieso beherrschte dieser junge Mann ihre Gedanken so sehr, daß alles andere in ihrem Leben zweitrangig erschien? Eliot Flaubert. Roberts Sohn. Sie fragte sich, was ihre Mutter sagen würde, wenn sie, in welchen Sphären sie auch immer weilen mochte, jetzt zu ihr sprechen könnte. In letzter Zeit hatte Maggie angefangen, ihre Mutter immer mehr zu vermissen; sie wünschte, ihre Mutter könnte sehen, wie sie ohne ihren Mann, ja sogar ohne ihre Kinder zurechtkam und ein kleines Unternehmen leitete. Wäre Diana Patterson stolz auf ihre Tochter, oder wäre sie enttäuscht? Das HARVEST MOON zu kaufen war ein Abenteuer, das ihre Mutter sich für sich selbst nicht einmal hätte vorstellen können. Maggies Mutter war eine anständige Hausfrau aus New England gewesen, die jeden Abend zur selben Zeit das Essen auf den Tisch gestellt und alle wichtigen Entscheidungen höflich ihrem Mann überlassen hatte. Maggie mußte an die weißen Handschuhe denken, die sie und ihre Mutter jeden Sonntag zum Kirchgang getragen hatten, bis Maggie auf die High-School gekommen war und angefangen hatte zu rebellieren. Aber wie hätte sie auch nicht rebellieren sollen? Überall um sie herum tobten die Sixties, in denen die Frauen ihre BHs verbrannten und ihren gerechten Anteil am *American Pie* verlangten. Und als Kind dieser bahnbrechenden Ära hatte Maggie sich geschworen, daß ihre Töchter niemals weiße Handschuhe tragen würden, weder zur Kirche, noch bei irgendwelchen anderen Gelegenheiten. Komisch, aber es fiel ihr viel leichter, sich ein Abenteuer mit Eliot in den späten sechziger Jahren vorzustellen, in der Zeit, als sie seinen Vater kennengelernt hatte. Doch irgend etwas war geschehen, irgend etwas hatte die meisten Blumenkinder verändert, nachdem sie selbst Familien gegründet hatten: eine konservative Ära hatte sich unmerklich eingeschlichen. Und auch Maggies puritanische Erziehung schien sich wieder bemerkbar zu machen. Im Alter von sechsundvierzig Jahren fragte sie sich zum erstenmal in ihrem Leben, was ihre Mutter zu dem Mann ihrer Wahl sagen würde.

Maggie hörte, wie draußen ein lautes Summen einsetzte. Zusammen mit Claire trat sie ans Fenster. Bei der Steinmauer stand ein junger Mann mit einem Rasenmäher und mähte das Gras, um mehr Parkplätze zu schaffen.

»Steve O'Neal«, sagte Claire. »Noch ein Freund von Eliot.« Maggie sah zu, wie Gras und Unkraut dem Rasenmäher zum Opfer fielen.

»Sieht so aus, als wäre Steve Eliot ebenfalls etwas schuldig«, sagte Maggie schließlich.

Claire nickte. »Sieht so aus.«

Maggie ging zum Seeufer hinunter und starrte

auf das Wasser, als breite es sich vor ihr aus wie die Zukunft, die, wenn man sie *sehen* könnte, wie eine unberührte blaue Decke vor einem lag und darauf wartete, daß jemand sie betrat und eine Spur auf ihr hinterließ.

»Geht's dir gut, Liebes?« rief Claire von der Veranda aus. »Deine Fußabdrücke werden sich noch für immer da unten eingraben. In ein paar tausend Jahren werden die Archäologen glauben, irgendein geheimes Ritual hätte dort unten am See stattgefunden.« Mit dem Blick folgte Maggie dem Uferstreifen bis zu dem kleinen Steg, der einsam und leer in den See hinausragte. Nur die treue Möwe saß wie immer auf dem einen Pfosten.

»Es geht mir gut«, sagte sie schließlich. »Aber du hast recht, dies ist eine Art Ritual.« Und dann wandte sie sich wieder dem HARVEST MOON zu und dem unausweichlich anstrengenden Tag und dem aufregenden Abend, die vor ihr lagen: dem großen Eröffnungsball.

Sie kamen in kleinen Grüppchen, einzeln oder auch gleich zu acht auf einmal, aber sie kamen, kamen aus Little Bear Lake, aus Coreyville, aus Percyton, aus allen umliegenden Dörfern und Kleinstädten. Sie kamen zum Herbstball im HARVEST MOON. 1958, als Gil und Maudy den Tanzschuppen aufgemacht hatten, hatten sie die traditionelle Kleiderordnung für den Herbstball begründet: Anzug und Schlips für die Herren und für die Damen die schönsten Kleider, die in den örtlichen Läden zu finden waren. »Hier in Little Bear Lake gibt es nicht viele Gelegenheiten, sich fein zu machen«, hatte Maudy Maggie erklärt, als sie 1967 für ein langes Wochenende aus Boston hergekommen war, um an ihrem ersten Herbstball teilzunehmen. Es war allerdings der schöne Robert Flaubert gewesen, der sie nach Little Bear zurückgelockt hatte, und nicht die Aussicht, ein neues Kleid zu einem Tanzball zu tragen. Robbie Flaubert war jedesmal in Jeans zum Tanz erschienen, nicht aus Unhöflichkeit, sondern weil das einfach seinem persönlichen Stil entsprach. Niemand schien daran Anstoß zu nehmen, außer Maudy. Doch Maggie war in jenem September aufgefallen, daß der Ball für Robbie ebenso wie für die anderen Einheimischen etwas ganz Besonderes war, vielleicht die letzte Gelegenheit, das Ende des Sommers zu feiern und sich auf den langen, kalten Winter vorzubereiten, der vor ihnen lag. Genauso wie ihre keltischen Vorfahren ihre Häuser zur Wintersonnenwende mit grünen Zweigen geschmückt hatten, grün, um an den Sommer zu erinnern, grüne Zweige, die später von den Christen als Weihnachtsschmuck übernommen wurden. Der Ball war zu einem *Ritual* geworden, und da es seit 1958 bestand, gab es unter den Gästen viele, die mit dieser Tradition aufgewachsen waren. Für sie war es ein Fest wie Weihnachten. Wie Thanksgiving. Ein weiterer Anlaß, in der Gemeinde zu feiern, miteinander zu scherzen, Streitigkeiten zu schlichten und sich Gedanken über das Leben zu machen. Ein Ritual. Würde Eliot ein Ritual brechen, mit dem er aufgewachsen war?

Das Buffet war ein großer Erfolg, ebenso wie die herbstlichen Dekorationen, die Claire im Schankraum und im Tanzsaal angebracht hatte. Ein einziges Scheit brannte im Kamin, mehr hatte Maggie nicht anzuzünden gewagt, so warm war es am Abend des Herbstmondes, am Abend des 23. September 1995. Um Maudy eine Freude zu machen, hatte sie für den Ball ein Kleid angezogen, obwohl nicht zu übersehen war, daß die Dinge sich in den fünfundzwanzig Jahren ihrer Abwesenheit geändert hatten. Einige der jungen Mädchen waren in Hosen gekommen, manche sogar in Jeans. Maudy war ein bißchen pikiert. »Heutzutage ist alles so anders«, hatte sie Maggie zugeflüstert. Doch Maggie und Claire waren Kinder der Sixties, Kinder des Jahrzehnts, dem man anscheinend nie mehr entrinnen konnte. Das war jedenfalls Claires Meinung. Bequemlichkeit war immer noch das oberste Gebot. »Ich werde den Teufel tun und mich hinter der Theke aufdonnern, nur um Maudy zu gefallen«, hatte Claire erklärt, als sie wie immer in Jeans und einem weiten T-Shirt erschienen war. »Soll sie sich doch bei mir beschweren.« Maggie hatte Maudys mißbilligenden Gesichtsausdruck bemerkt, als sie Claires Aufmachung gesehen hatte. Sie hatte kurz den Kopf geschüttelt, wie um ihren Unmut abzuwehren. Damit war die Sache erledigt.

Die Band aus Coreyville war gut, vor allem gemessen an dem, was einheimische Bands gewöhnlich zu bieten hatten, und schon bald vibrierte das Parkett unter den Füßen der vielen Tänzer. Gil und Maudy waren wieder ganz in ihrem Element, gingen mit Tabletts voll Canapés rund und sorgten dafür, daß alle zufrieden waren. Claire wirkte gestreßt, aber glücklich, während sie hinter der Theke stand und zusammen mit dem Barkeeper, den sie für den Abend angeheuert hatte, Glas um Glas für die Kellnerinnen füllte, die pausenlos mit ihren Tabletts hin und her wieselten. Am Vormittag hatte Claire den Vorschlag gemacht, Maggies Geschäftspartnerin zu werden. »Ich hatte nicht genug Geld, um das HARVEST MOON zu kaufen«, hatte Claire gesagt, »was ich am liebsten getan hätte, als ich hierher zurückgezogen bin und gesehen habe, was für eine Goldgrube man aus dem Laden machen könnte. Aber in ein paar Monaten könnte ich die Hälfte übernehmen.« Maggie hatte die Idee gefallen, die Vorstellung, sich die Verantwortung mit Claire zu teilen. Und es sah tatsächlich so aus, als könnte sich das HARVEST MOON zu einer Goldgrube entwickeln. Soviel war also von Joe McIntyre und seinen Unkenrufen zu halten. Joe würde sich vorerst damit zufriedengeben müssen, ein Kinderbett auszusuchen und einen Windelvorrat anzulegen. Maggie würde das HARVEST MOON schmeißen.

Um zehn Uhr war Eliot immer noch nicht aufgetaucht. Die Band machte gerade die zweite Pause, und den jungen einheimischen Mädchen schien die moderne Musik zu gefallen, die Eliot für die Musikbox ausgesucht hatte. In jeder Pause wurde sie wieder mit Vierteldollarmünzen gefüllt. Immer wieder ließ Maggie ihren Blick über die Menge schweifen in der Hoffnung, zwischen den Tänzern Eliots schwarze Augen zu entdecken.

»Hast du ihn irgendwo gesehen?« erkundigte sie sich einmal bei Claire, die den Kopf schüttelte und dann weiter ihre Bloody Marys mixte. Gil und Maudy waren so sehr damit beschäftigt, Maggie den Leuten aus Little Bear Lake vorzustellen, daß sie Eliots Fehlen gar nicht zu bemerken schienen. Einige der Einheimischen erinnerten sich noch von früher an Maggie, andere waren zu jung, um sie zu kennen. Doch alle hießen sie mit offenen Armen willkommen. »Es ist so schön, daß es das HARVEST MOON wieder gibt«, erklärten sie. »Herzlich willkommen in Little Bear Lake. Willkommen in unserer Gemeinde.« Sie wäre auf Wolken geschwebt, wäre Eliot nur dagewesen. Sie war sich nicht sicher, was sie tun würde, wenn und falls er käme. Aber sie machte sich Sorgen um ihn, fragte sich, wie es ihm gehen mochte.

Um Viertel vor elf war Maggie so angespannt, daß sie das Gefühl hatte, keine Luft mehr zu bekommen. *Er kommt nicht. Er kommt nicht zum Ball.* Die Band, die um acht Uhr zu spielen begonnen hatte, machte gerade zum drittenmal Pause. Es war vereinbart, daß sie für diesen besonderen Anlaß bis Viertel vor eins spielen würde. Bei zukünftigen Tanzfesten würden die Bands nicht vor neun Uhr anfangen. Maudy war gerade dabei, Maggie der Bibliothekarin von Little Bear Lake, Peggy Montgomery, vorzustellen, denn sie wußte, daß Maggie sich freuen würde, mit ihr über Bücher zu diskutieren und sich nach Veranstaltungen in der Bibliothek zu erkundigen. Und mitten in diesem Gespräch, als Peggy Maggie erzählte, daß sie hoffte, bekannte Schriftsteller zu Lesungen in diesen abgelegenen Teil des Landes zu locken, hörte Maggie plötzlich das Stück von Neil Young, Eliots Song. Niemand hatte dieses Stück bisher laufen lassen, vielleicht weil es schon so alt war. Aber nun hörte sie es. *»Come a little bit closer, Hear what I have to say, Just like children sleepin', We could dream this night away.«* Und es schien so, als wäre die Menge mit einemmal leiser geworden, nur damit Maggie die Worte verstehen konnte, die wie Vögel durch den großen Tanzsaal flatterten. Instinktiv schaute sie zur Theke hinüber, denn dort hatte Robbie damals immer gesessen und gewartet, bis sie Feierabend machte. Und da war er. Dort saß Eliot und starrte sie mit seinen schwarzen Augen an. Sein Gesicht war das einzige, was sie in der Menge ausmachen konnte, zwischen all den Leuten, Leuten, die aßen, redeten, tranken, Leuten, die zu der Musik tanzten, Leute, die lachten. HARVEST MOON: COCKTAILS & TANZ. Sie sah Eliots Gesicht. *»But now it's gettin' late, And the* *moon is climbin' high, I want to celebrate, See it shinin' in your eye, On this harvest moon.«* Dann schob sich eine große Gruppe von Gästen zwischen sie und ihn, und dann war sein Gesicht verschwunden, untergegangen in dem Meer von Gesichtern, das es mit sich fortgespült hatte. Eliot.

Maggie verabschiedete sich von Peggy Montgomery und bahnte sich ihren Weg zur Theke. Als sie dort ankam, war von Eliot keine Spur mehr zu sehen. Claire bedeutete Maggie, sich über die Theke zu beugen. Sie wollte ihr etwas zuflüstern.

»Ich schätze, du wirst noch mal im Guinness-Buch der Rekorde landen«, flüsterte Claire.

Maggie zog die Stirn kraus. »Wieso?« fragte sie.

»Dafür, daß du es geschafft hast, zwei Generationen das Herz zu brechen«, erwiderte Claire. »Ich glaube kaum, daß irgend jemand diesen Rekord bereits für sich beansprucht. Noch nicht mal Cher.« Maggie brachte kein Lächeln zustande. Sie nahm das Glas Wein, das Claire ihr reichte. Am frühen Abend hatte sie an einem Weinglas genippt und später vergessen, wo sie es abgestellt hatte. Sie hatte so viele Leute begrüßen, so viele Hände schütteln und sich so viele Namen einprägen müssen. Gil und Maudy hatten sie den ganzen Abend am Ellbogen herumgeführt, um ihr jeden Gast vorzustellen, den sie kannten. Nun schienen sie ihre Aufgabe als beendet zu betrachten und zufrieden, den Rest des Abends auf Stühlen auf der Veranda zu genießen, wo es kühler war und die Musik nicht so laut.

»Wo ist er?« fragte Maggie, doch Claire zuckte nur die Achseln.

»Ich dachte, du hättest mich angeheuert, um Drinks zu mixen«, sagte sie. »Soll ich damit aufhören und Eliot suchen gehen? Ich sage dir nur eins – wo immer er sein mag, er ist verliebt. Das ist ja wohl eindeutig.« Maggie sah sie strafend an. Immer mehr Leute drängten herein. Sie schienen aus allen Ecken und Winkeln zu kommen. Ob überhaupt noch irgend jemand in Little Bear Lake oder in Coreyville oder in Lakeview geblieben war? Das HARVEST MOON ächzte und stöhnte unter dem Gewicht all der vielen Gäste. Wahrscheinlich sahen die umliegenden Ortschaften im Moment so aus, als wäre der Rattenfänger von Hameln gerade dagewesen, dachte Maggie. Und dann riß der nächste Song sie aus ihren Gedanken, als Ezio Pinzas donnernde Stimme den Raum erfüllte und die Musikbox vibrieren ließ. Robbies Stück, das Eliot nun laufen ließ. Sie zweifelte nicht daran, daß es Eliot gewesen war. Es gab keinen Zweifel. *»Some Enchanted Evening.«*

Und da war er, starrte sie vom anderen Ende des Raumes her an, von dort, wo sie eben noch mit Peggy Montgomery gestanden hatte. Trieb er etwa ein Spiel mit ihr? Wollte er den Unerreichbaren markieren? Oder war er hinübergegangen, um zu ihr zu gelangen? Maggie lächelte, doch Eliot erwiderte ihr Lächeln nicht. Sie sah, daß er ein rotes T-Shirt anhatte, rot, das seine schwarzen Augen und sein rabenschwarzes Haar betonte, und er trug Jeans. Wehe, wenn Maudy ihn erwischte. Sie hatte auch Robbie immer bedrängt, er solle einen Anzug tragen.

Bis zum Ende des Stückes ließ Eliot Maggie nicht aus den Augen. Was sollte sie zu ihm sagen? »Eliot, laß uns Freunde sein. Diese Sache ist zu kompliziert für uns, das schaffen wir nicht. Geht es dir gut? Laß uns Freunde sein, ja?« Es tat so gut, ihn endlich wieder zu sehen. Maggie fragte sich, warum ihr flau wurde, so wie es einem geht, wenn man sich das erste Mal verliebt und der Bauch voller Schmetterlinge ist. Die Anspannung, das mußte es sein, die Anspannung wegen des großen Eröffnungsballs und dann die Sorge um Eliot. Sein Haar glänzte so schwarz über dem roten T-Shirt. Er hatte sich inzwischen an die Wand gelehnt und die Arme vor der Brust verschränkt. Und er beobachtete sie immer noch. Sie versuchte die ganze Zeit, sich ihren Weg zu ihm hin zu bahnen, quer durch die Menge, doch die Leute hielten sie immer wieder an, um ihr zu gratulieren, Leute, die ihr längst gratuliert hatten und jetzt so froh und ausgelassen waren, daß sie das Bedürfnis verspürten, sie noch einmal zu dem Erfolg des Abends zu beglückwünschen. Als sie endlich am anderen Ende des Raumes ankam, war das Stück zu Ende. Die Band begann wieder zu spielen, und noch mehr Leute strömten auf die Tanzfläche. Aber Eliot war verschwunden.

»Hast du Eliot gesehen?« fragte sie Gil. Er war gerade von der Veranda hereingekommen, um sich ein

Glas Scotch zu holen, nachdem Maudy auch gemeint hatte, er solle noch einmal, wie in alten Zeiten, auf den Putz hauen und sich drei Scotch genehmigen.

»Er ist gerade in seinen Wagen gestiegen und weggefahren«, sagte Gil. »Ich hab ihm noch nachgerufen, wollte ihn fragen, warum er schon fährt, aber er hat mich nicht gehört. Aber wie geht's dir denn, Mädel, wie fühlt man sich so als Tanzschuppenbesitzerin, wenn der Laden voll ist? Gut, was? Also, ich komme an einem Samstagabend im Januar, wenn's fünfundzwanzig Grad minus ist, noch mal wieder und dann reden wir weiter.« Er zwinkerte ihr zu. Maggie wußte plötzlich, daß der Abend für sie vorbei war, die Nacht hatte ihren Zauber verloren, jetzt, nachdem Eliot weg war.

Den Rest des Abends verbrachte Maggie in dem Bewußtsein, daß sich unweigerlich ein Lächeln auf ihrem Gesicht ausbreitete. Was hatte T. S. Eliot noch gesagt? *Es ist noch Zeit Dich zu wappnen gegen jedes Antlitz, das dich streift.* Claire hinter der Theke grinste von einem Ohr zum anderen.

»Schau nicht gleich hin, aber siehst du den gutaussehenden Typen da am Ende der Theke?« wollte Claire wissen. »Das ist der Onkel von Penny Hargrove. Jetzt weiß ich, warum ich sie angeheuert hab. Sie ist vielleicht ein bißchen ungeschickt, aber sie hat verdammt gutaussende Verwandte. Dieser da ist zufällig Rechtsanwalt.« Maggie warf einen Blick in die Richtung. *»Nicht hinschauen!«* flüsterte Claire. »Okay, jetzt kannst du gucken.« Maggie sah, daß auf dem letzten Barhocker tatsächlich ein gutaussehender Mann saß und an einem Cocktail nippte. »Er hat mich eingeladen, in Coreyville mit ihm zu frühstücken«, sagte Claire. »In dem Diner dort kann man samstags bis zwei Uhr morgens frühstücken. Ich hab zugesagt. Er wartet hier, bis ich Feierabend mache.« Maggie grinste und drückte Claires Hand.

»Geh ruhig jetzt schon«, sagte sie. »Ich helfe dann den Mädchen beim Aufräumen.«

Claire lehnte zunächst ab. »Er hat gesagt, er würde warten«, flüsterte sie. Aber Maggie ließ sich nicht beirren.

»Geh schon«, sagte sie. »Ich mach für dich weiter. Du hast in den letzten Wochen hart genug geschuftet. Und er ist wirklich attraktiv. Heute morgen hast du noch geunkt, du würdest nie wieder einem interessanten Mann begegnen, weißt du noch? Nun geh schon.« Also trocknete Claire sich die Hände ab und verließ das HARVEST MOON zusammen mit dem Rechtsanwalt aus Coreyville, der nur Augen für sie zu haben schien. Um Viertel vor eins war die letzte Bestellung ausgerufen worden, und nun war es fast halb zwei. Die Band war gerade dabei, ihre Instrumente einzupacken. Wie sie gekommen waren, verließen die Leute langsam das MOON, einzeln, zu zweit, in Grüppchen. Gil und Maudy, die selten so lange auf waren, verabschiedeten sich von Maggie.

»Es ist ein komisches Gefühl, nicht nach oben schlafen zu gehen, wenn hier Feierabend gemacht wird«, sagte Maudy. »Aber unser kleines Haus in der Stadt gefällt mir auch sehr.« In der Einfahrt wurde ein Motor nach dem anderen angelassen. Leute verabschiedeten sich, suchten nach verlegten Handtaschen, liefen noch einmal schnell zur Toilette. Überall war ausgelassenes Stimmengewirr zu hören. Der Eröffnungsball war ein voller Erfolg gewesen, jedenfalls für die Einheimischen.

Wie die Geräusche gekommen waren, so verschwanden sie wieder, wie eine große Welle. Schließlich waren nur noch Maggie und zwei der vier Kellnerinnen übrig, um nach dem großen Fest aufzuräumen, den Boden zu wischen, die Theke zu polieren, die Gläser zu spülen und die Zapfhähne zu reinigen. Um das Auffüllen der Getränkebestände würde Maggie sich am nächsten Tag kümmern. Das HARVEST MOON würde sowieso erst am Dienstag wieder aufmachen. Reichlich Zeit. Und dann saß Maggie allein an der Theke. Sie trug Shorts und T-Shirt, denn ihr Kleid war beim Spülen völlig durchnäßt worden, und sie hatte sich zwischendurch umgezogen. Ihr taten die Füße weh, und so legte sie sie auf den Barhocker neben sich, und dann saß sie einfach da und betrachtete den riesigen Raum.

Zunächst war sie von der Stille völlig überwältigt gewesen. Hatte sie den großen Ball nur geträumt? Hatte sie sich all die Leute mit den strahlenden Gesichtern, all die ausgelassenen Tänzer und die Trinksprüche auf das HARVEST MOON nur eingebildet? Und Eliot, wie er sie vom anderen Ende des Raumes her angestarrt hatte? Eliot in seinem roten T-Shirt, das hervorstach, als wäre es eine Art Flagge. Eine Signalflagge? »Wieso hat er uns noch nicht mal begrüßt?« hatte sie Claire gefragt, die daraufhin ihre berühmten Brauen hochgezogen hatte. »Du hast ihm doch gesagt, er soll sich von dir fernhalten«, hatte sie sie erinnert. »Du weißt doch sicher noch, wie stolz Robbie war. Eliot ist bestimmt genau wie er. Es wundert mich, daß er überhaupt gekommen ist.« Stille. Ein ganzer Tanzsaal voll Stille. Wie laut sie Maggie vorkam, als sie so allein an der Theke saß. Das Geräusch ihres Weinglases, als sie es auf dem polierten Holz abstellte, hallte durch das ganze Gebäude. Das stete Tropfen des Wasserhahns in der Spüle. Das leise Plätschern des Wassers am Seeufer. Leises Knarzen überall im Haus. Es war zum Verrücktwerden. Ein Märchenball hatte stattgefunden, und nun war Cinderella allein übrig.

Draußen auf der Veranda sah sie als erstes den Mond, einen riesigen, orangefarbenen Herbstmond, der im Verlauf des Abends langsam über den See gewandert war. Und nun verharrte er dort, gemahnte an die Erntezeit. Maggie betrachtete den vollen Herbstmond, und dann hörte sie die Musik, die von der geheimen Stelle her über das Wasser getragen wurde. Er war an dem kleinen Steg. Er war an der geheimen Stelle, wo Robbie immer auf sie gewartet hatte. Im ersten Augenblick war sie empört. Wieso war er nicht wenigstens zu ihr gekommen, um sie zu begrüßen? Schließlich hatte auch er hart gearbeitet, und der Erfolg des Abends war auch sein Erfolg. Versuchte er, wie ein Schuljunge, den Unerreichbaren zu spielen? Das war doch albern. Kindisch. Sie würde sich nicht auf ein solches Spiel einlassen. Sie würde noch ein Glas Wein trinken, um sich zu entspannen, um das Adrenalin zu bremsen, und dann würde es ihr bessergehen. Es würde alles gut sein, und sie würde sich endlich einmal ordentlich ausschlafen.

Sie ließ die offene Flasche Louis Jadot einfach auf der Theke stehen. Vielleicht würde sie sich ja noch ein weiteres Glas gönnen. Schließlich war dies ein Augenblick der Feierlichkeit und der stillen Besinnung. Der Ball war noch erfolgreicher gewesen als die Bälle zu Gils und Maudys Zeiten. Maggie würde das Ereignis ganz allein feiern. Sie würde mit Musik feiern. Sie würde sogar die bevorstehende Geburt von Joes Baby feiern. Vierteldollarmünzen: Sie fand sie in einem Glas, das Claire unter der Theke deponiert hatte. Das restliche Geld war in dem großen alten Safe verstaut worden, den Gil ihr als Teil der Einrichtung verkauft hatte. Eine Flasche Wein zur Hand, während der große, alte Tanzsaal sich von dem Trubel erholte, nippte Maggie an ihrem Glas und ließ Robbies alte Lieblingsplatten alle noch einmal laufen. *»You Send*

Me«, »Stranger in Paradise«, »Blue Moon«, »Light My Fire«.

Sie ging wieder hinaus auf die Veranda, ihr Glas in der Hand, und schaute zu, wie die ersten Anzeichen der Morgendämmerung sich am Horizont zu zeigen begannen. Es war vier Uhr früh. Die Vögel begannen sich bereits in der Dunkelheit bemerkbar zu machen. Im MOON brannten immer noch alle Lampen, warfen gelbes Licht durch die Fenster und zogen die letzten Motten des Sommers an, die leise immer wieder gegen die Scheiben stießen. Plötzlich hielt Maggie den Atem an und lauschte. Da war es wieder. Leise und sanft über den See getragen: Eliots Musik. Maggie lauschte und starrte zu der Stelle hinüber, wo der kleine Steg ins Wasser ragte. Er mußte wissen, daß sie noch auf war, mußte es an den Lichtern erkennen. Sie ging wieder hinein. Noch ein Glas Wein, noch eine Platte, und dann würde sie ins Bett gehen. Genug war genug. Dies war die Achterbahn der Gefühle, wie junge Mädchen sie erlebten, das war nichts für sie. Noch ein Glas Louis Jadot. Auch wenn es Eliots Stück war, E1 auf der Musikbox, sie spielte es trotzdem. *»Harvest Moon.«* Der Song erfüllte den leeren Raum, der jetzt regelrecht gespenstisch wirkte, durchdrungen von dem Echo des Lachens, das noch in der Luft zu hängen schien. *»Come a little bit closer, Hear what I have to say, Just like children sleepin', We can dream this night away.«* Plötzlich überkam Maggie eine unbändige Sehnsucht. Das war die Musik der Sixties, der Seventies, die unsterbliche Musik einer Generation. Es hätte genausogut *»Harvest«* sein können, oder *»Heart of Gold«*. Es war eine der Stimmen ihrer Generation, die immer noch sang, die immer noch etwas zu sagen hatte, auch der jüngeren Generation.

Sie war zugleich von Sehnsucht und einem Gefühl der Erneuerung erfüllt, empfand gleichzeitig Verlust und Gewinn. Leben und Tod vermischten sich. Robbie und Eliot. Die Vergangenheit hörte da auf, wo die Zukunft begann. Robbie hatte einmal zu ihr gesagt: *Die Vergangenheit existiert, laut Einsteins Theorie. Nur daß wir sie nicht sehen können.* Na ja, das mochte interessant sein, aber Maggie begriff nun, daß die *Zukunft* tatsächlich existierte, und zwar nicht nur in der Theorie. Wir können sie nicht sehen, weil sie noch nicht stattgefunden hat. Aber sie wartet auf uns. Ob man nun glaubt, daß man sie formen oder gestalten kann, oder ob man glaubt, sie sei vorherbestimmt, auf jeden Fall ist sie da. *»When we were strangers, I watched you from afar, When we were lovers, I loved you with all my heart.«* Sie stellte ihr Weinglas auf der Theke ab. Durch das kleine Fenster im Schankraum konnte sie schmale Streifen Tageslicht am Himmel erkennen. Sie würde keine Taschenlampe brauchen. Ihre Füße kannten den Weg. Viele Male war sie in Gedanken und im Traum nachts den Pfad entlanggegangen. Sie würde keine Taschenlampe brauchen, aber sie mußte sich selbst gegenüber ehrlich sein. Sie hatte sich gewünscht, er würde zum Ball kommen, hatte sich gewünscht, er würde sie zum Tanz auffordern, hatte sich gewünscht, er würde sie noch einmal küssen, sie hatte sich nach ihm gesehnt. *»But now it's gettin' late, And the moon is climbin' high, I want to celebrate, See it shinin' in your eye.«*

Das Gras unter ihren Füßen war feucht und durchnäßte ihre Leinenschuhe. Tautropfen von den Blättern durchnäßten ihre Shorts und ihr T-Shirt, als sie die Zweige der Sträucher im Vorbeigehen streifte. Sie arbeitete sich durch die Brombeerranken, an den Würgekirschbüschen vorbei und über den umgestürzten Baum, über den sie in der vergangenen Woche schon einmal geklettert war, dann den kleinen Hügel hinauf, hinter dem die kleine, weiche Moosdecke unter den himmlischen Birken lag. Oben auf dem Hügel konnte sie die Musik am besten hören. Welches Stück hörte er gerade? Welche Musik hörte Eliot? War es wieder Neil Young? Sie konnte den Text nicht verstehen: Obwohl die Worte ihr entgegenwehten, um sie zu begrüßen, konnte sie ihren Sinn nicht ausmachen. Sprache war bedeutungslos geworden, hohl, sinnlos. Statt dessen hörte sie wieder den Flügelschlag der Erinnerung. Und doch wußte sie tief in ihrem Herzen, daß dies nicht Robbie war. Es war Eliot. Und dann lief sie den Hügel hinunter, wo der Pfad nicht mehr so unwegsam war, wo er gut ausgetreten war, lief an den Sumachbäumen vorbei auf die weißen Birken zu. Er saß neben seinem Pick-up, auf dem

Gras am Seeufer. Im Licht der Dämmerung konnte sie sein Gesicht erkennen, sah, wie er sie unverwandt anschaute, während sie auf ihn zuging. Sie war außer Atem, sagte nichts, spürte ihr Herz wie wild schlagen. Er schien in ihrem Gesicht nach einer Antwort zu suchen. Endlich begann er zu sprechen, sie hörte seine Stimme, leise und zerbrechlich.

»Erinnerst du dich, wie Jay Gatsby auf seinem Bootssteg gestanden hat?« fragte er. Seine Stimme klang wie Musik, wie ein trauriges Lied. Sie kniete sich neben ihn in das feuchte Gras und berührte sein Gesicht. Sein Haar war feucht vom Tau, der sich über das Land gelegt hatte, und sie schob ihm die nassen Strähnen aus dem Gesicht, Strähnen, die sich anfühlten wie Seide.

»Ja«, sagte sie, »ich erinnere mich.« Am anderen Ufer des Sees schrie ein Eistaucher. Im frühen Morgenlicht konnte sie Eliots Gesicht deutlich sehen. Seine schwarzen Augen starrten zu den Lichtern des HARVEST MOON hinüber.

»Erinnerst du dich, wie Jay Gatsby nach den Lichtern in Daisys Haus am anderen Ufer des Sees Ausschau gehalten hat?« fragte er sie mit rauher Stimme. Sie beugte sich vor, küßte sein Gesicht, das sich feucht anfühlte, fast salzig schmeckte. Hatte er geweint? Sie wollte ihn noch einmal küssen, doch er packte sie an den Armen und schob sie von sich, damit er sie ansehen konnte. »Erinnerst du dich?« fragte er noch einmal, hielt ihre Arme fest im Griff, so daß sie ihn nicht umarmen konnte. Sie spürte, wie ihr Körper sich zu entziehen versuchte, wie er versuchte, sich zu entfernen, um sie beide dort am Ufer betrachten zu können.

»Ja«, sagte sie laut, »ich erinnere mich.« Dann ließ Eliot einen ihrer Arme los, und sie spürte seine Hand auf ihrem Busen, spürte, wie sich ihre Brüste unter dem T-Shirt hoben. Ein Schauer lief ihr über den Rücken, sie bekam eine Gänsehaut. Er schob sich über sie, drückte sie mit dem Rücken ins Gras, legte sich auf sie.

»Bis heute habe ich nie begriffen, wie sehr es ihm das Herz gebrochen hat«, flüsterte er, während er ihr T-Shirt hochschob und ihre Brüste entblößte. »Ich habe es nie begriffen.« Und dann legte er seine Lippen auf ihre Brust. Maggie schloß die Augen. Sie hörte, wie er seinen Reißverschluß öffnete und seine Jeans abstreifte. Sie hob ihre Hüften und ließ ihn gewähren, als er ihr die Shorts auszog. Dann schob er ihre Beine hoch, schlang sie sich um die Hüften. Sie spürte sein Gewicht auf sich, spürte, wie er in sie eindrang. Und dann begann Maggie zu schweben, schwebte auf den See hinaus, wo der Frühnebel sich lichtete, wo die Eistaucher über den See glitten und mit ihren roten Augen in den Morgen starrten.

DER MORGEN DANACH

Am nächsten Morgen wachte Maggie mit Schuldgefühlen auf, die über sie kamen wie ein Gewitter oder wie ein großer Vogelschwarm auf dem Weg nach Norden. Sie setzte sich im Bett auf und dachte über ihr Schicksal nach. Hatten ihre Vorfahren in Neuengland Frauen wie sie an den Galgen gebracht? Gab es in Ländern wie im Iran oder Irak für Frauen wie sie ein noch schlimmeres Schicksal als den Tod? Neben ihr im Bett schlief Eliot Flaubert. Eine Zeitlang lauschte Maggie seinem Atem, beobachtete, wie er im Schlaf leicht zuckte, betrachtete sein perfekt geschnittenes Gesicht. Eliot. Er hatte sie im fahlen Dämmerlicht nach Hause gefahren, während die Vögel um sie herum fröhlich ihren Morgengesang anstimmten, während die Welt allmählich erwachte und rund um den See die Lichter in den Häusern angingen. Frühaufsteher. Er hatte sie nach Hause gefahren, als seien sie zusammen ausgewesen, und sie hatte es zugelassen, daß er ihr die schmale Treppe hinauf in ihre kleine Wohnung gefolgt war. Und im Zauber der Nacht war es ihr erschienen, als ob alles genau so sein sollte. Sie hatten sich gegen die Welt da draußen verbündet, und nun lagen sie einander in den Armen, in Sicherheit. So wie es sich gehörte. Aber der Zauber der Nacht verschwindet mit dem ersten Tageslicht. Ob recht oder unrecht, der Zauber verblaßt, geht verloren. Und manchmal kann man ihn nicht zurückholen.

Jetzt zerbrach Maggie sich den Kopf darüber, was den Zauber überhaupt ausgelöst hatte. War Eliot ihre einzige Möglichkeit, Robbie wieder nah zu sein, der einzige Weg, der ihr noch offenstand, um wieder zu ihm zu finden? Und, wenn ja, hätte sie diesen Weg nehmen dürfen? Und was war mit Eliot? War Maggie für ihn die Vergangenheit seines Vaters, eine Frau, die sein Vater geliebt hatte und die er deswegen auch lieben konnte? Suchte auch Eliot nach dem Weg zurück zu Robbie? Während er neben ihr schlief, spürte sie ihn noch immer zwischen ihren Schenkeln, die ihr an den Stellen, wo sie ihn umschlungen hatte, weh taten. Die Luft im Zimmer war schwer und roch immer noch nach Sex; Maggie meinte, Eliot immer noch zu spüren, seine Lippen auf ihren Brüsten, das Brennen an ihrem

Rücken, wo er sie auf die Erde gedrückt hatte. Vielleicht war Eliot anfangs für sie die einzige Möglichkeit gewesen, Robbie noch einmal nah zu sein, vielleicht war es das am Anfang gewesen, aber indem sie sich ihm zugewandt hatte, hatte sie sich in ihn verliebt. Sie wußte es, während sie ihn betrachtete, während sie das leichte Zucken um seine Mundwinkel, das Flattern seiner Augenlider beobachtete. Er war Robbie, und doch war er mehr als Robbie. Sie konnte ihn auf eine Weise lieben, wie sie Robbie nie hatte lieben können, denn damals war sie noch zu jung gewesen, damals hatte sie noch nicht genug Lebenserfahrung gehabt, um das Wunder zu verstehen. Ihr war eine zweite Chance gegeben worden, ganz einfach. Aber konnte sie sie annehmen? Sie sagte sich, daß dies nicht dasselbe war wie zwischen Joe und Bridgette. Sie hatte Eliot nicht einer Familie weggenommen, die zu Hause auf ihn wartete, in einem schönen viktorianischen Haus in der Beauchemin Street. Sie hatte nicht fünfundzwanzig Jahre Ehe weggeworfen, um sich mit einem jungen Mann einzulassen, nur weil sie eines Tages in den Spiegel geschaut und die Krähenfüße um ihre Augen entdeckte hatte. Oder war das Joe gegenüber unfair? War es die Jugend, die ihn zu Bridgette zog? Oder war es blanke Geilheit? Oder hatte er sie Tag für Tag beobachtet, bevor er gewagt hatte, sie zu berühren, so wie Maggie Eliot beobachtet hatte? Bedeutete Bridgette ihm etwas so Kostbares, daß er bereit gewesen war, alles aufzugeben, an das er einmal geglaubt hatte, nur um es zu erlangen?

»Das bezweifle ich«, flüsterte Maggie. »Ich fürchte, es war die reine Geilheit.« Eliot regte sich im Schlaf, tastete mit der Hand nach ihr und schlief wieder fest ein, nachdem er sie gefunden hatte. Sie wollte ihm soviel sagen, doch sie wußte, daß sie es nicht konnte. Das Tageslicht zerstörte den Zauber. Das Licht brachte die schreckliche Wahrheit mit sich. Was würden die Mädchen sagen? Lucy würde behaupten, daß Maggie nur auf die Nachricht von Bridgettes Schwangerschaft reagierte, und möglicherweise stimmte das sogar zum Teil. Aber vielleicht hatte diese Nachricht sie nur dazu ermutigt, das zu tun, wonach sie sich die ganze Zeit gesehnt hatte: Eliot nahe zu kommen, ihn zu berühren, ihn zu lieben. Und Diana? »Laß es dir nicht entgehen, wenn dein Glücksstern dir leuchtet. Egal, was dich treibt, Mom.«

Maggie lag im Bett und wußte, daß es nach zehn sein mußte, wußte, daß dies der Sonntag nach dem großen Herbstball war, der Morgen nach drei Wochen harter Arbeit. Niemand würde heute früh aufstehen. Am späten Nachmittag würde Claire sie anrufen und ihr entweder sagen, daß der Rechtsanwalt aus Coreyville der nächste Traummann war oder ein Blindgänger. Vielleicht würden Gil und Maudy anrufen, um ihr noch einmal zu sagen, wie glücklich sie waren, das HARVEST MOON in guten Händen zu wissen. Bevor er eingeschlafen war, hatte Eliot zu ihr gesagt: »Morgen machen wir ein Picknick, nur wir beide, ohne Claire. Wir werden uns unter den Birken bei dem kleinen Steg ins Moos setzen, und ich werde eine Tischdecke für uns ausbreiten. Morgen machen wir ein Picknick.« Er lag mit dem Kopf an ihren Bauch gelehnt, und sie rieb ihm die Schläfen, ganz sanft, um ihn nicht zu wecken. Er brauchte seinen Schlaf. Sie fragte sich, ob er in den vergangenen vier Nächten überhaupt geschlafen hatte, oder ob das Adrenalin ihn wachgehalten hatte, genau wie sie. Sie fuhr mit einem Finger über die strammen Muskeln an seinem Arm. Sie wollte ihm so vieles sagen. Sie wollte ihm sagen: »Hör zu, Eliot, ich habe mich in dich verliebt, in dich, einen Mann, der nur zwei Monate älter ist als meine älteste Tochter, Lucy, die sich in den nächsten Jahren alle Mühe geben wird, dich zu verabscheuen. Ich liebe dich, daran besteht kein Zweifel, aber vergiß nicht: Es war dein Vater, Robert Flaubert, den ich anfangs in dir geliebt habe, der mich zu dir gebracht hat. Wenn er nicht gewesen wäre, wärst du nur ein liebenswerter junger Mann gewesen, den ich kennengelernt und gemocht und dann wieder vergessen hätte.«

Das war es, was sie ihm sagen wollte, jetzt, nachdem das Tageslicht angebrochen und der Märchenball vorbei war. Aber sie sagte es nicht. Statt dessen stieg sie aus dem Bett, das sie in dem kleinen Antiquitätenladen in Coreyville erstanden hatte, und ließ ihn schlafen. Sie zog Jeans und einen Pullover über. In der Küche kochte sie nur Kaffee, ihr war zu flau im Magen, um etwas zu essen. Sie nahm ihre Kaffeetasse mit nach draußen auf die Veranda, von wo aus sie den Graureiher beim Fischen beobachten konnte. Sie setzte sich in einen Schaukelstuhl, schlug die Beine übereinander und dachte über Eliot Flaubert nach und was sie mit ihm anfangen sollte. Sie waren im Morgengrauen zurück zum MOON gekommen. Sie waren die schmale Treppe zu ihrer kleinen Wohnung hinaufgestiegen. Sie hatten sich noch einmal geliebt, diesmal langsam, zärtlich, als könnten ihre Körper andernfalls zerbrechen. »Daraus kann nichts werden«, hatte sie ihm nachher gesagt. »Nichts.« Und dann war sie, verliebt wie ein Schulmädchen, in Tränen ausgebrochen. Eliot hatte sie in den Armen gehalten, hatte versucht, sie zu trösten. »Hör zu«, hatte er gesagt, »das hat nichts mit Alter zu tun. Es geht um Liebe. Es geht um Respekt. Ich bin nicht Robert Flaubert, und ich weiß, daß du das weißt. Ich bin sein Sohn. Das ist alles, und es ist genug.« Und dann hatte er den Kopf auf ihre Brust gelegt, und während der Wind die Vorhänge aufgebläht hatte, und während das Wasser draußen am Ufer geplätschert hatte, war er in ihrem Bett eingeschlafen. »Eliot«, hatte sie gesagt, hatte seinen Namen noch einmal aussprechen wollen, um ihm zu zeigen, daß sie wußte, daß nicht Robert Flaubert dort bei ihr im Zimmer war. Es war er. Es war Eliot. »Eliot«, sagte sie, während sie auf seinen

Atem lauschte, der das winzige Zimmer erfüllte. »Eliot.«

Jetzt, auf der Veranda, eine Tasse starken Kaffee in der Hand, überschlugen sich ihre Gedanken. Wie sollte das funktionieren? Würde sie Lucy erst einmal verlieren, und würde ihre Tochter je wieder zu ihr finden? Was würde Eliots Mutter sagen? Und die Leute in Little Bear Lake? Was würden sie denken? Claire hatte ihr erklärt, die Zeiten hätten sich geändert. »Es gibt hier in der Gegend mehrere Paare wie euch«, hatte sie zu Maggie gesagt. »Du weißt schon, ältere Frau, jüngerer Mann.« Es hörte sich an, als spräche sie von einer schlimmen Krankheit. Aber tief in ihrem Herzen wußte Maggie, daß es eigentlich keine Rolle spielen sollte, ob es noch mehr Paare wie sie gab. Hier ging es nicht um Statistik. Oder um Feminismus oder um Minderheiten, die ihre Rechte einforderten. Es ging um *Liebe.* Es ging um sie und Eliot, darum, wie sie und Eliot sich in der Welt behaupten würden. Und vor allem und darüber hinaus war er der Sohn des ersten Mannes, den Maggie je geliebt hatte, wahrscheinlich des *einzigen* Mannes, den sie je geliebt hatte. Bis jetzt. Bis sie Eliot begegnet war. War eine solche Liebe möglich? Sie wußte, *warum* sie Eliot liebte, diese Frage war einfach zu beantworten. Es war dasselbe, was sie zu Robbie hingezogen hatte: seine Kenntnis der Welt, sein Wissen von den Dingen, die man nicht aus Büchern lernen kann. Es war das, was er zu ihr gesagt hatte, als er sie zu der Steinmauer geführt hatte. *Wußtest du*, hatte er gefragt, *daß die Menschen im achtzehnten Jahrhundert glaubten, Schwalben würden auf dem Grund von Seen überwintern?* Das war es, was sie zu ihm hingezogen hatte.

So sehr sie sich auch bemüht hatte, ihm aus dem Weg zu gehen, seine Gegenwart war doch bis zu ihr vorgedrungen, hatte sich in ihre Seele gebrannt. Manchmal hatte sie gehört, wie er Claire von den Pflanzen erzählte, die er im Feld hinter dem HARVEST MOON entdeckt hatte, in demselben Feld, in dem Maggie von Robbie so viel über Pflanzen gelernt hatte. Offenbar war er auch seinem Sohn ein guter Lehrer gewesen. Während der zweieinhalb Wochen, in denen Eliot für sie gearbeitet hatte, hatte er Claire von Würgervögeln erzählt, die Grashüpfer auf Stacheldraht aufspießten. Er hatte Maudy auf Nebensonnen aufmerksam gemacht, die zu beiden Seiten der Sonne zu sehen gewesen waren, Eiskristalle in der äußeren Atmosphärenhülle. *Das Wetter wird kälter werden*, hatte er gesagt. Er hatte Gil gezeigt, wo Siebenschläfer Haselnüsse geknackt hatten, und die Reste von Kiefernzapfen, die die Eichhörnchen übriggelassen hatten. In der Nacht, als er und Claire und Maggie am Seeufer gestanden hatten, hatte er ihnen die Namen aller Sterne im Sternbild Orion genannt. *Kein anderes Sternbild hat so viele helleuchtende Sterne*, hatte er ihnen erklärt. Das waren die Dinge, die er über die Welt wußte, und Maggie kam das alles so viel wichtiger vor als

Bridge-Abende oder Aufsätze über Milton oder Vorlesungen über Dryden, Swift und Pope. So viel bedeutsamer. Und dann konnte er sich in der Kühle der Morgendämmerung am Seeufer einfach zu ihr umdrehen und sie fragen: *Weißt du, wie sehr Jay Gatsby gelitten hat, als er über den See hinweg zu Daisys kleinem Licht hinübergestarrt hat?* Deswegen liebte sie ihn, und deswegen würde es ihr das Herz brechen, ihn zu verlieren. Doch dann mußte sie wieder an ihren Altersunterschied denken, immer und immer wieder, während Joe sich wahrscheinlich nie den Kopf über so etwas zerbrochen hatte. Oder doch, vielleicht zu Anfang? Natürlich mußte er darüber nachgedacht haben. Er mußte sich gefragt haben, was Lucy sagen würde. Und Diana würde ihm nie sagen, er solle seinem Glücksstern folgen, wenn das bedeutete, daß er ihre Mutter verließ. Nein, Joe mußte sich ausführlich Gedanken über diese Dinge gemacht haben. Sein Verhältnis zu seinen Töchtern war immer noch ziemlich schwierig. Aber er hatte den Mut der Überzeugung – oder der Geilheit – besessen, um sein Leben zu ändern. Maggie spürte, daß dies etwas war, das sie nicht besaß, während sie auf der Veranda saß, ihren Kaffee trank und darauf wartete, daß Eliot Flaubert aufwachte und sie ihm sagen konnte: »Wir können das nicht machen, Eliot. Zu viele Menschen werden über unsere Liebe schockiert sein. Meine Tochter. Deine Mutter. Stell dir mal vor, wie man uns anstarren wird, wenn wir in ein Restaurant gehen. Und auf der Straße. Wären wir bereit, diesen Preis zu zahlen? Wir können das nicht machen, Eliot.«

Als sie ihn in der Wohnung herumgehen hörte, als sie hörte, wie die Dusche aufgedreht wurde, rief sie Claire an. »Könntest du den Laden hier allein schmeißen?« fragte sie. »Mit mir als stiller Teilhaberin?« Wie erwartet, war Claire zunächst verblüfft. »Wovon zum Teufel redest du?« fragte sie. »Rühr dich nicht von der Stelle, ich bin gleich da!« Und dann kam Eliot die Treppe herunter, frisch und gut gelaunt, als wolle er die Welt erobern.

»Guten Morgen, du Schöne«, sagte er, beugte sich zu ihr hinab, um ihr einen Kuß zu geben, und verwuschelte ihr das Haar. Hatte Joe je so etwas getan? »In spätestens einer Stunde bin ich wieder da, und zwar mit dem Picknick, das ich dir versprochen hab«, sagte er. »Hast du auch so einen Hunger wie ich?« Und dann sagte sie es ihm, sagte ihm alles, worüber sie nachgedacht hatte, daß sie, wenn sie ein Paar wären, wie in einem Aquarium leben würden, an dessen Glaswänden die Leute sich die Nasen platt drücken und jede ihrer Bewegungen kommentieren würden, sowohl Fremde, als auch Menschen, die ihnen nahestanden. *Wir können das nicht machen, Eliot. Es geht einfach nicht.*

»Ich gehe von Little Bear Lake fort«, fügte sie schließlich hinzu. »Ich fahre zurück nach Kansas City, gehe zurück an die Uni, wo das Leben sicher und langweilig und öde ist, aber auf jeden Fall *sicher.*«

Lange Zeit sagte er gar nichts. Er stand nur einfach da auf der Veranda, das Haar immer noch naß von der Dusche, und starrte auf den See hinaus. Ein paar Angler, die letzten der Saison, saßen in ihren Kanus, ihre Silhouetten zeichneten sich gegen den Himmel ab wie in einem Gemälde. Eliot sagte nichts, und dann drehte er sich zu ihr um.

»Du machst dir Gedanken über das, was die Leute denken«, sagte er. »Leute im Restaurant. Leute auf der Straße. Deine Tochter. Meine Mutter. Und was ist mit dem, was du denkst? Was ich denke?« Maggie wollte argumentieren, wollte ihm erklären, wie die Entscheidung eines einzelnen das Leben so vieler beeinträchtigen kann, so wie Joes Entscheidung es getan hatte. Aber war sie nicht inzwischen froh, daß ihr monotones Leben mit Joe ein Ende gefunden hatte, froh, daß sie in den Strudel des Lebens katapultiert worden war, wo wieder Dinge geschahen, die sie verletzten, aber auch Dinge, die sie zum Lachen brachten und ihr Freude bereiteten?

»Es tut mir leid«, war alles, was sie herausbrachte. Sie wollte ihm von Lucy erzählen, davon, wie wichtig sie selbst ihre Rolle als Mutter nahm. *Eltern müssen ihren Kindern ein gutes Beispiel geben*, wollte sie sagen. *Lucy hat schon genug durchgemacht, als sie ihren Vater verloren hat.* Aber sie sagte es nicht, weil sie wußte, was er ihr antworten würde. *Du wirst im-*

mer noch ihre Mutter sein, du wirst immer für sie da sein. Wir reden hier über dein Leben.

»Ich bin enttäuscht von dir«, sagte er schließlich. »Ich hatte dich für mutiger gehalten.«

»Tja, ich bin's eben einfach nicht«, erwiderte sie. Er nickte und schaute wieder zu den Kanus auf dem See hinaus. Im Frühsommer würde es auf dem See von Schnellbooten, Paddelbooten, Tretbooten nur so wimmeln. Scharen von Feriengästen. Maggie hatte sich so sehr auf einen Sommer am Kleinen Bärensee gefreut. Auf einen Neuanfang. Jetzt hatte sie das Gefühl, sie würde es nicht schaffen. Eliot hatte sie für mutig gehalten. Sie selbst auch. Aber offenbar war sie es nicht.

»Wann reist du ab?« fragte er leise, es war kaum mehr als ein Flüstern, und doch bestimmt, fast zornig.

»Heute«, erklärte sie. »Wenn ich nicht sofort gehe, werde ich vielleicht nie gehen. Ich packe nur ein paar Sachen in meinen Wagen und werde Claire bitten, mir den Rest nachzuschicken. Sie ist auf dem Weg hierher.« Das mit Claire sagte sie ihm, weil sie wußte, daß er dann gehen würde, weil sie wußte, daß er in so einem verletzlichen Moment weder Claire noch sonst jemandem begegnen wollte. Und Maggie fürchtete, daß sie, wenn er nicht bald ging, in Versuchung kommen würde, ihn noch einmal in den Arm zu nehmen, die samtweiche Haut in seinem Gesicht, an seinen Händen noch einmal zu berühren. Aber sie wußte, es wäre ihr Untergang, wenn sie ihn noch einmal berührte. »Ich habe Claire gebeten, das HARVEST MOON zu übernehmen.«

Was hatte sie erwartet, daß er sagen würde? Was hatte sie erwartet, daß er tun würde? Er schaute wieder zu den Kanus hinüber, auf den See hinaus. Dann deutete er mit dem Finger zum anderen Ufer.

»Dort drüben wohne ich«, sagte er, »in einem Haus, das mein Vater gebaut hat. In diesem Haus bin ich aufgewachsen. Wahrscheinlich werde ich auch noch in dem Haus leben, wenn es für mich Zeit wird zu sterben.« Maggie spürte, wie ihre Augen sich mit Tränen füllten, wie die Tränen über ihre Wangen liefen. Sie hatte sich vorgenommen, nicht zu weinen, hatte sich selbst fest versprochen, es nicht zu tun, doch sie kam nicht dagegen an. Er faßte sie an der Hand und zog sie aus ihrem Schaukelstuhl hoch. Er nahm ihr Gesicht fest in seine Hände und drehte es zum anderen Ende des Sees hin. »Dort drüben«, wiederholte er und zwang sie hinzusehen, »werde ich sein, falls du es dir anders überlegst. Aber laß dir nicht zu lange Zeit, Maggie. Die Zeit vergeht wie im Flug, wie die Dichter sagen.« Er ging die Stufen hinunter zu seinem Pickup und öffnete die Fahrertür. Maggie sah, wie er ein paar Papiere im Handschuhfach durchsah, bis er einen Umschlag fand. Er kam damit zurück zur Veranda und hielt ihn ihr hin. Mit zitternder Hand nahm sie den Umschlag entgegen.

»Das wollte ich dir eigentlich gestern abend, auf

dem Ball, geben«, sagte er. »Aber ich hab's mir anders überlegt. Lies es irgendwann.« Und dann ging er zurück zu seinem Wagen, blieb einen Augenblick lang stehen und starrte auf den See. Er drehte sich um, wie um noch etwas zu sagen, entschied sich jedoch dagegen. Er stieg einfach in seinen Pick-up, ließ den Motor an, und dann sah Maggie ihn noch einmal an der Steinmauer vorbeifahren, wo die wunderbaren Schwalben mit Vorliebe ihre Sommernester bauten. Dann war er weg.

Claire war weniger gnädig. Sie war mit ihrem kleinen roten Chevy Vega wie eine Rakete in die Einfahrt zum HARVEST MOON geschossen, eine Riesenstaubwolke aufwirbelnd. Dann war sie, zwei Stufen auf einmal nehmend, die Haare ohne das übliche Stirnband wie eine wilde Mähne, auf die Veranda gestürmt, wo Maggie noch immer in ihrem Schaukelstuhl saß.

»Da find ich endlich eine alte Freundin wieder«, sagte sie und schaute auf Maggie hinab, »da gelingt es mir endlich, in meiner alten Heimatstadt in ein Geschäft einzusteigen, etwas, was ich nie für möglich gehalten hätte. ›Claire, du wirst in Toronto sterben, und es wird noch nicht mal jemand bemerken‹, hab ich mir immer gesagt. ›In deiner Heimatstadt wirst du nicht gebraucht.‹ Und dann tauchst du auf, und plötzlich ist alles anders. Und seien wir doch mal ehrlich, Maggie. Du bist vor fünfundzwanzig Jahren losgegangen, um 'ne

Schachtel Zigaretten zu holen und hast mich einfach hier sitzenlassen. Und dann kreuzt du plötzlich wieder auf, die verlorene Freundin, und ich nehme dich wieder auf. Und jetzt haust du wieder ab. Aber sag mir eins, Maggie. Wovor läufst du diesmal davon? Was macht dich so panisch? Ein kleines Sandkörnchen im Getriebe des Lebens? Ich will dir mal was sagen, meine Liebe. Manche Leute plagen sich täglich mit irgendwelchen Sandkörnchen herum. Das hier ist für mich auch schon wieder eins, und das nur Stunden, nachdem mein Traummann endlich aufgetaucht ist.«

Maggie stand auf, während der Schaukelstuhl ohne sie weiterwippte, als schaukele er einen Geist. Vielleicht war es Robbie, der sich auf seine übliche Art zurücklehnte und darüber grinste, daß Claire und Maggie sich mal wieder in der Wolle hatten. Aber Robbie war nicht da. Robbie war tot.

»Ich hab offenbar vergessen, daß es hier einzig und allein um *Claire* geht«, sagte Maggie. »Wie dumm von mir.« Claire beruhigte sich ein wenig.

»Ich sage dir, um was es hier geht«, sagte sie. »Es geht darum, daß du mit Eliot im Bett gelandet bist und jetzt mit deinen Schuldgefühlen nicht fertig wirst. Seit einem Monat schleichen wir alle auf Zehenspitzen um die Erinnerung an Robbie herum, als wäre sie heilig. Mir reicht's jetzt langsam. Du hast ihm also damals das Herz gebrochen. Na und? Uns allen wird irgendwann im Leben das Herz gebrochen, Maggie. Manchen wird sogar mehrmals das

Herz gebrochen. Das gehört zum Leben, vor allem wenn man jung ist. Und jetzt sag ich dir noch was, das dir vielleicht nicht gefallen wird. Julia ist Robert Flauberts große Liebe geworden. Du brauchst dir also gar nichts einzubilden.«

Maggie hatte genug gehört. Sie nahm ihre Kaffeetasse. Sie würde noch das Geschirr spülen, bevor sie die kleine Wohnung verließ, eine Angewohnheit, die sie von ihrer Mutter übernommen hatte. Ihr Leben mochte ein einziger Scherbenhaufen sein, aber das Geschirr, verdammt noch mal, das Geschirr *würde gespült sein.*

»Ich nehme nur ein paar Sachen mit«, sagte Maggie. »Ich werde eine Umzugsfirma beauftragen, den Rest zusammenzupacken. Du weißt ganz genau, daß du diesen Laden allein schmeißen kannst. Das schaffst du im Schlaf, von dem du wahrscheinlich nicht allzuviel bekommen wirst, jetzt, nachdem du deinen Traummann tatsächlich gefunden hast.« Sie drehte sich um und ging auf die Fliegengittertür zu. Ihretwegen konnte Claire auf der Veranda stehen und schimpfen, soviel sie wollte. Maggie mußte ihre Sachen packen.

»Und ich sage dir noch was, das du womöglich nicht weißt«, fuhr Claire fort. »Ganz Little Bear Lake vermutet bereits, daß zwischen dir und Eliot etwas ist, Maggie, die Leute brauchten euch nur gestern abend zu sehen. So ist das in kleinen Käffern, Süße. Und – hat man euch geteert und gefedert? Nein, hat man nicht. Alle mögen Eliot. Und anscheinend mögen sie dich auch, und das ist alles, was zählt. Klar, wird es Klatsch und Tratsch geben. Junger Mann, ältere Frau. Na und? Das haben schon genug andere vor dir durchgemacht.«

Jetzt wurde Maggie böse. »Ach ja?« Sie fuhr herum und starrte Claire ins Gesicht. »Und was war mit dir und Christopher Dean? Was war mit deinem dritten Ehemann? Er war nur zwölf Jahre jünger als du, und sieh dir doch an, was aus *dieser* Ehe geworden ist!« Claire machte große Augen. Zuerst dachte Maggie, sie hätte sie zutiefst gekränkt. Doch dann brach Claire in lautes Gelächter aus.

»Christopher Dean?« fragte sie. »Willst du etwa Eliot mit *Christopher Dean* vergleichen?« Sie klatschte amüsiert in die Hände.

»Er war jünger als du«, verteidigte Maggie sich.

»Maggie, Schätzchen, Chris war der absolute Sesselpupser«, sagte Claire. »Unser Leben drehte sich ausschließlich um Hockey. In unserem letzten gemeinsamen Jahr haben wir nur miteinander geredet, wenn gerade keine Spielsaison war. Notfälle wurden in den Spielpausen besprochen. Du kannst doch nicht im Ernst *Christopher Dean* mit Eliot vergleichen wollen.«

Maggie machte eine wegwerfende Handbewegung. »Eliot hat's mir nicht so schwergemacht wie du«, sagte sie. Und zum erstenmal fiel ihr auf, daß sie das gestört hatte. Es hatte sie geärgert, nicht wahr? Er hatte überhaupt nicht viel gesagt. *Ich wohne in dem Haus dort drüben. Die Zeit vergeht wie im*

Flug. Er wußte es besser, und das irritierte Maggie.

»Eliot ist verletzt«, sagte Claire. »Ich bin sauer, und das ist ein großer Unterschied.« Dann drückte sie Maggies Arm.

»Ich hab einfach Angst«, sagte Maggie. »Und wenn man Angst hat, muß man das tun, was einen am besten schützt.« Claire nickte nur. Jeder meisterte sein Leben, so gut er konnte. Das schien zumindest eine vernünftige Erklärung zu sein. Maggie betrachtete den Umschlag in ihrer Hand. Im gleichen Augenblick beschloß sie, den Brief erst morgen zu lesen. Oder vielleicht noch später. Vielleicht auch erst, wenn sie wieder in Kansas City in Sicherheit war und sich auf das nächste Semester an der Uni vorbereitete. Vielleicht würde sie ihn im Aufenthaltsraum in der Uni lesen, während Mr. Walton von seinem Papagei erzählte, dann würde sie den Brief aus ihrer Tasche nehmen und ihn in einer sicheren Umgebung lesen. Wenn sie ihn jetzt läse, würde sie es sich vielleicht noch einmal anders überlegen.

»Ich kapier's einfach nicht, Maggie«, sagte Claire. »Wovor läufst du eigentlich davon?«

Maggie hätte ihr gern eine Antwort gegeben, hätte sich selbst gern die Antwort gegeben, doch sie konnte es nicht.

»Ich packe nur ein paar Sachen«, sagte sie. »Ich bin in einer halben Stunde fertig.« Diesmal würde sie mit dem Auto fahren, es würde kein Flugzeug geben, das sie über Seen und Berge und Wolken und Träume hinwegtragen würde. Sie würde n wie Phönix aus der Asche aufsteigen, oder Nixon in seinem Hubschrauber aus den Scher seiner politischen Karriere. Sie würde nicht den Vögeln am Himmel auf ihrem Weg in den Süden folgen. Sie würde auf der Erde bleiben, in ihrem kleinen grünen Wagen über den Asphalt fahren, an Telegrafenmasten und Verkehrsschildern vorbei, die wie die Tage ihres Lebens an ihr vorüberfliegen würden. Sie würde auf der Erde bleiben.

Claire setzte sich auf die Stufen der Veranda und stieß einen tiefen Seufzer aus. Maggie legte ihrer Freundin eine Hand auf die Schulter.

»Er ist also dein Traummann?« fragte sie, und Claire nickte.

»Du weißt ja, was die Leute sagen«, sagte Claire und drückte Maggies zitternde Hand. »Beim fünfzigsten Mal ist man schlauer.«

Hedschra: eine Reise, die unternomm[illegible] wird, um sich in Sicherheit zu bringen; Fluc[illegible] …

(aus Maggies altem College-Lexikon)

DIE ZWEITE ABREISE

Weil ich nicht anhielt vor dem Tod –
Hielt freundlich er vor mir –
....
Jahrhunderte ist's her und doch
Scheint's eine kurze Zeit
Seit ich geahnt – die Pferde gehn
In Richtung Ewigkeit.

Emily Dickinson,
(aus Maggies College-Lesebuch)

Der Friedhof von Little Bear Lake wirkte eher wie ein hügeliger Park. Zwischen dem Immergrün der Kiefern und Fichten leuchteten um diese Jahreszeit rote und goldene Herbstblätter. Während des Monats, den Maggie in Little Bear Lake verbracht hatte, war sie oft an diesem Friedhof vorbeigefahren, doch sie hatte noch nie einen Blick auf die Grabsteine riskiert, die überall auf den Hügeln standen. Einer davon gehörte Robert Flaubert, das letzte, was von ihm geblieben war – deswegen hatte sie nie hinzuschauen gewagt. In ihrer Erinnerung hatte er immer noch gelebt. Wenn sie sein Grab besuchte, würde sie ihn endlich ruhen lassen, würde sie seinen Geist freilassen können. Dazu war sie noch nicht bereit gewesen, bisher nicht. Jetzt war sie auf dem Weg aus der Stadt hinaus, Eliots Brief in der Tasche, den gepackten Koffer im Kofferraum, ihr Herz so schwer, daß es unter der Bürde ihrer Entscheidung zu brechen drohte: die Entscheidung, Eliot zu verlassen, aus Little Bear Lake fortzugehen. Wenn sie auf den Friedhof gehen wollte, dann jetzt oder nie. Maggie bezweifelte, daß sie jemals hierher zurückkehren würde.

Sie fand den Grabstein per Zufall. Sie war über den älteren Teil des Friedhofs geschlendert, mit wild klopfendem Herzen und pochenden Schläfen. Am Ufer eines Baches standen alte Grabsteine, von denen einige sicherlich den Vorfahren von Robert und Eliot Flaubert gehörten. Vorfahren, die vor langer Zeit nach Little Bear Lake gekommen waren und ihr Leben in eigenhändig erbauten Häusern gelebt hatten. Und schließlich, nachdem sie ihr Bestes gegeben hatten oder auch nicht, waren sie gestorben und zur Erde zurückgekehrt. *Dort drüben wohne ich*, hatte Eliot gesagt, *in einem Haus, das mein Vater gebaut hat. Wahrscheinlich werde ich auch noch in dem Haus leben, wenn es für mich Zeit wird zu sterben.* Die Grabsteine der Ahnen von Little Bear Lake, die Gräber der ersten Siedler standen an den Ufern des Little Bear Creek, zwischen Birken und Pappeln und Ebereschen, und die Ebereschen waren voller leuchtend roter Beeren, die das Weiß des anstehenden langen Winters beleben und den Vögeln während der kalten Jahreszeit als Futter dienen würden.

Maggie ging an den älteren Grabsteinen vorbei auf die Grabsteine zu, die ihr jünger erschienen. Komisch, aber ein Mensch konnte sterben und begraben werden, und die Welt drehte sich einfach weiter. Egal, wie reich oder berühmt ein Mensch gewesen war, egal, wieviel er über Tamarack-Lärchen wußte oder die Freßgewohnheiten von Zwergohreulen. Die Welt drehte sich weiter. Nachdem Maggie die schreckliche Nachricht von Claire erfahren hatte, hatte sie versucht, sich Robbies Beerdigung vorzustellen, hatte sich gefragt, mit was für unwichtigen Dingen sie an jenem Tag wohl beschäftigt gewesen war, damals in Kansas City, während Robbie in die Erde zu seinen Vorfahren zurückkehrte. Maudy hatte ihr erzählt, es sei im Frühling gewesen, als die Wildkirschen gerade zu blühen angefangen hatten und die Grasmücken und Teichrohrsänger aus ihren Winterquartieren zurückgekehrt waren. Was hatte Maggie an jenem Tag in Kansas City getan? Hatte sie Arbeiten korrigiert? Oder, was noch wichtiger war, was hatte sie in der Sekunde getan, als Robert Flaubert sich mit der Hand ans Herz gefaßt hatte, in dem Bewußtsein, daß dieses Herz dabei war, ihn zu töten? Das Leben war ein komischer Film, wenn man es genau betrachtete, ein seltsamer Streifen Zelluloid, auf dem jede Menge völlig belangloser Ereignisse festgehalten waren. Es war gut möglich, daß sie gerade ein Schaumbad genommen hatte, als Robert gestorben war. Oder vielleicht hatte sie auch im Garten gearbeitet, sich über ihren Tennisarm beklagt, sich darüber aufgeregt, daß die Pizza so spät geliefert wurde. Das Leben war der reinste Marx-Brothers-Film.

Diese Gedanken gingen ihr durch den Kopf, während sie an den moosbedeckten Grabsteinen vorbei einen kleinen Hügel hinaufstieg. Und dann, wie auf das Stichwort eines unsichtbaren Bühnenregisseurs, tauchte plötzlich ein leuchtend orangefarbener Schmetterling auf und flatterte Maggie um den Kopf. Sie versuchte, seinem Zickzackflug zu folgen, auf und ab und zwischen den Grabsteinen hindurch. Von Robbie hatte sie damals eine Menge verschiedener Schmetterlinge zu bestimmen gelernt, ein Wissen, das sie an Lucy weitergegeben hatte. Robert hatte so viel hinterlassen, sogar bei Menschen, denen er nie begegnet war. Als der Schmetterling sich auf einem der Grabsteine niederließ, sah Maggie, daß es ein Monarchfalter war, sie erkannte ihn an seinen orangebraunen, mit schwarzen Adern durchzogenen Flügeln, die an den Rändern weiß gesprenkelt waren. Ein Monarchfalter, der einzige Schmetterling, der wie die Zugvögel jedes Jahr von Norden nach Süden und wieder zurück wandert. Ein zarter kleiner Monarchfalter. Und dann erhob er sich in die Luft wie ein winziger orangefarbener Hubschrauber, und dann entdeckte Maggie die anderen, Tausende von Schmetterlingen, wie eine langgezogene orangefarbene Wolke am Himmel: die Monarchfalter waren auf ihrem Weg nach Süden! Sie hatte bisher nur von ihnen gelesen, hatte sich nur in ihrer Phantasie ausgemalt, wie es sein mochte, einen endlosen Schwarm von orangefarbenen Schmetterlingen zu sehen, die aufstiegen und sich vom Wind nach Mexiko tragen ließen. *Kein Schmetterling begibt sich allein auf die lange Reise*, hatte Robbie ihr erklärt, als sie einmal einen Monarchfalter entdeckt hatten, der sich an der Milch einer Seidenpflanze stärkte. *Sie überwintern in einem Tal in Mexiko in dreitausend Metern Höhe. Über vierzehn Milliarden Schmetterlinge auf ein paar Hektar Land. Dann sehen die Bäume aus, als hätten sie orangefarbenes Laub.* Und dann schloß der Schmetterling sich den anderen an. Die orangefarbene Wolke wogte und wallte im Wind. Maggie wußte, daß sie sich unterwegs vergrößern würde, wenn mehr und mehr Falter sich ihr anschlossen. Und dann, als Maggie zwischen den Grabsteinen auf dem Friedhof stand und ihnen nachschaute, verschwanden die Monarchfalter hinter den Baumwipfeln. Maggie war überwältigt, fühlte sich geehrt, diesen seltenen Anblick erlebt zu haben. In diesem Augenblick senkte sie den Blick und bemerkte, daß auf dem Grabstein, vor dem sie stand, dem Stein, auf dem der einzelne Falter sich ausgeruht hatte, geschrieben stand:

Robert Flaubert, Geboren am 16. Dezember 1943, Gestorben am 2. Mai 1990. Hier nun liegt er, er ist am Ziel. Zu Haus ist der Seemann, zurück von der See. Und der Jäger ist heimgekehrt aus den Wäldern. Roberts Grabstein. Maggie spürte, wie ihre Augen sich mit Tränen füllten, und zugleich fühlte sie sich auf seltsame Weise gestärkt. Er hatte dieses Gedicht geliebt, »*Requiem*« von Robert Louis Stevenson; es überraschte sie also nicht, daß man es als Grabinschrift gewählt hatte. Ein Zitat aus demselben Gedicht befand sich auch auf Stevensons eigenem Grabstein. Und auch er war, wie Robbie, auf einem Hügel begraben worden.

»Unter dem weiten Sternenzelt«, rezitierte Maggie. Sie erinnerte sich aus ihrer Schulzeit noch an den Text. Das sollte ihre Grabrede für Robbie sein, eine Grabrede für einen geliebten Freund. *»Grabt mir mein Grab, dort möchte ich liegen. Mit Freuden hab ich mein Leben gelebt, mit Freuden bin ich gestorben. Einen letzten Willen erfüllt mir und Meißelt diese Worte in meinen Grabstein: Hier nun liegt er, er ist am Ziel. Zu Haus ist der Seemann, zurück von der See. Und der Jäger ist heimgekehrt aus den Wäldern.«* Als sie am Bachufer entlanggegangen war, hatte sie einen Zweig von einer Eberesche abgebrochen, einen Zweig mit roten Beeren, die wie Rubine leuchteten. Diesen Zweig würden die Vögel erübrigen können. Maggie beugte sich vor und legte ihn auf Robbies Grab. *Hier nun liegt er, er ist am Ziel.* Vom anderen Ende des Friedhofs her waren Stimmen zu hören, Stimmen,

die näher kamen, Familienangehörige oder Freunde, die die Gräber ihrer Lieben besuchen wollten. Maggie trat von dem Grabstein zurück und betrachtete ihn ein letztes Mal. *Zu Haus ist der Seemann, zurück von der See.* Dann schaute sie zum Himmel hinauf, wo nichts darauf hindeutete, daß ein Schwarm Schmetterlinge die Luft in diesem Teil des Himmels jemals gekräuselt hatte.

»Adieu, Roberto«, sagte sie, nannte ihn bei dem albernen Spitznamen, den sie ihm gegeben hatte, ein Name, den sie nur gemocht hatte, weil er so schön über ihre Zunge rollte. »Adieu, Roberto.«

Kurz vor der Abzweigung zur 401, die über Toronto nach Horseshoe Falls führte, wo Maggie die Grenze überqueren und ihre Fahrt nach Westen fortsetzen würde, bog Maggie vom Highway ab. Sie würde mit den Monarchfaltern um die Wette fahren, war wie sie auf der Suche nach einem Winterquartier, wo sie sich sicher fühlen konnte. Sicherheit war immer schon das Schlüsselwort gewesen, nicht wahr? Neuenglische Sicherheit. Nicht über die Stränge schlagen. Und wenn man zu ersticken droht – bloß nicht über die Stränge schlagen. Sie fuhr an den Straßenrand und dachte: Wieso Kansas City? Das fragte sie sich immer wieder. *Wieso Kansas City*, wo Joe der einzige war, der noch dort lebte? Die Mädchen waren fortgezogen. Sie selbst war nur nach Kansas City gezogen, weil es Joes Heimatstadt war und ein Freund der Familie ihm dort eine Stelle in einer Anwaltskanzlei vermittelt hatte. Wieso also war sie auf dem Weg nach Kansas City? Um Bridgette im Kreißsaal Händchen zu halten? Wieso fuhr sie nicht nach Boston, wo ihre eigenen Vorfahren verrotteten und den Boden mit ihren sterblichen Überresten düngten? Sie würde bestimmt eine Stelle an der Universität in Boston bekommen.

»Weil Kansas City die einzige Heimat ist, die mir geblieben ist«, sagte sie laut, während die Autos an ihr vorbeifuhren. Doch ihr Haus in der Beauchemin Street hatte längst neue Besitzer. Die Mädchen waren fort. Joe hatte ein neues Leben begonnen. Nur die Universität war noch da und wartete auf sie. »Die einzige Heimat, die mir geblieben ist«, sagte Maggie noch einmal, und plötzlich überfiel sie eine tiefe Traurigkeit. Wie die Autos, die auf dem Highway an ihr vorbeirasten, schossen ihr die Fragen durch den Kopf, viel zu schnell und viel zu viele. *Wovor läufst du diesmal davon?* hatte Claire gefragt. *Erinnerst du dich, wie Jay Gatsby auf seinem kleinen Steg gestanden hat?* hatte Eliot wissen wollen. *Soll das heißen, es macht dir nichts aus?* hatte Lucy gefragt, nachdem sie Maggie erzählt hatte, daß Joe wieder Vater wurde. *Kommst du denn nicht an die Uni zurück?* hatte Anita sich erkundigt, als sie vor zwei Tagen angerufen hatte. *Wovor läufst du diesmal davon? Wovor läufst du diesmal davon? Wovor läufst du davon?*

Maggie fädelte sich wieder in den Verkehr ein,

doch eine Stunde hinter Toronto hielt sie an einem kleinen Motel und nahm sich ein Zimmer. Sie konnte nicht weiterfahren, nicht, solange ihre Gedanken um die Vergangenheit, um die Zukunft, um alles andere als den Verkehr kreisten. Sie setzte sich auf das durchgelegene Bett in ihrem Motelzimmer und dachte über Claires Frage nach. Ihren ersten echten Marathonlauf hatte sie absolviert, als sie vor dem Tod ihres Bruders Dougie davongelaufen war, direkt in die Ehe mit Joe McIntyre und fort von Robert Flaubert. Vor dem Tod ihrer Mutter hatte sie sich in Seminare über Literaturkritik, das Englische Sonett, mittelalterliche Lyrik geflüchtet, in alles, womit sie sich hatte ablenken können. Weglaufen. Wovor fürchtete sie sich also diesmal? Dougies Tod war kein Thema mehr. Ihre Mutter war seit über zehn Jahren tot. Also was? Claire hatte recht. Sie war auf der Flucht, daran bestand kein Zweifel. Was war noch gleich ihr Lieblingsgedicht von Yeats gewesen? Das Gedicht über das schimmernde Mädchen: *»Schimmernd ein Mädchen war es da, Im Haare Apfelblütenduft, Rief mich beim Namen und zerrann Und blaßte hin durch lichte Luft«.* An dieses Gedicht hatte sie sich damals auf dem Dachboden erinnert, vor ein paar Monaten war es gewesen, an dem Tag, an dem sie die verstaubten Kisten durchsucht und ein mit Eau de Cologne getränktes Taschentuch von Robert Flaubert gefunden hatte. Gedichte wandern ebenso wie Schmetterlinge. Yeats war ihr bis nach Kanada gefolgt. Und wie endete das Gedicht? *»Wohl bin ich alt und Wandersmann Durch hohles Land und hohes Land, Doch will ich spähn, wohin sie sprang, Sie küssen, führen bei der Hand Und gehn durchs lange bunte Gras Und pflücken Zeit und zeitenlang Die Silberäpfel mir vom Mond, Die goldnen mir vom Sonnenrand.«* Diese ganze, verrückte Reise, diese Hedschra, die sie unternommen hatte, war von Yeats ausgelöst worden, von der alten Arbeit, die sie für Jennifer Fulbright auf dem Dachboden ihres Hauses in der Beauchemin Street gesucht hatte. Mit Yeats hatte alles angefangen. Er war ihr von allen Dichtern der liebste gewesen und hatte irgendwann sogar T. S. Eliot auf Platz zwei verdrängt. Eliot Flaubert ahnte nicht, wie knapp er dem Schicksal entgangen war, »Yeats« getauft zu werden. Aber Maggie hatte Yeats später bevorzugt, weil sie über diese »Äpfel der Zeit« genau Bescheid wußte, war es nicht so? Vor allem über die Silberäpfel. Wie oft war sie in Kansas City mitten in der Nacht aufgewacht, und hatte sich, während Joe neben ihr schnarchte, an Robbie Flaubert mit seiner silbernen Haut, in seinem silbernen Kanu auf dem silbernen See erinnert? *Die Silberäpfel vom Mond.* Hatte Claire recht? War Maggie in einer Liebe gefangen, die längst der Vergangenheit angehörte? War es das, was Robert Flaubert die ganzen Jahre über für sie bedeutet hatte? *Du brauchst dir gar nichts einzubilden,* hatte Claire gesagt. *Julia ist seine große Liebe geworden.* Eine Menge silberner Äpfel waren vorübergezogen, goldene Äpfel, und jetzt war es ein anderer, der Maggie beim Namen rief. Eliot. Würde sie auch ihn in lichter Luft verblassen lassen? *Einstein sagt, daß die Vergangenheit existiert*, hatte Robbie gesagt. *Nur daß wir sie nicht sehen können*. Existierte sie in Eliot? War es in Ordnung, Gefühle zuzulassen, die man als junger Mensch empfunden hatte? Wer sagte denn, daß die Begeisterungsfähigkeit mit dem Alter abnahm? Maggie hatte sich in Eliots Armen wie ein Schulmädchen gefühlt. Was war daran so verwerflich?

Das Zimmer, das sie für die eine Nacht genommen hatte, war klein und vollgestopft, aber sauber. Es erinnerte sie an das Zimmer, das sie in Little Bear Lake gehabt hatte, an die Nacht, nachdem sie von Robbies Tod erfahren hatte, die Nacht, in der sie all seine Briefe gelesen hatte, bis der Morgen graute und sie immer noch lebend vorfand, immer noch in der Lage, sich der Zukunft zu stellen. *Liebe Mags, heute abend weht ein leichter Wind über den Kleinen Bärensee. Und über der kleinen Bucht nur eine schmale Mondsichel. Es ist einsam, im Herbst, wenn die Bäume kahl werden und alle weg sind, sogar die Gänse. Manchmal kommt es mir so vor, als wären wir hier zurückgelassen worden, so wie viele Feriengäste Dinge zurücklassen, die sie nicht mehr brauchen*. Ob Eliot sich heute auch so fühlte?

Nach einem heißen Bad schlüpfte Maggie in ihr Bett wie in eine schützende Haut und versuchte zu schlafen. Morgen würde sie weiter nach Westen fahren, am südlichen Ufer des Eriesees entlang, durch Cleveland und dann weiter nach Chicago. In Chicago würde sie den Interstate Highway 65 in Richtung Süden nehmen und dann irgendwo in Illinois noch einmal übernachten. Dann würde sie aufstehen, sich waschen und anziehen und nach St. Louis weiterfahren. Von dort aus ging es weiter nach Westen, der Sonne entgegen, die, wenn sie Kansas City erreichte, gerade untergehen würde. Vielleicht würde sie mit Anita in diesem neuen Thai-Restaurant auf dem Danner Boulevard zu Abend essen. Diesmal war Maggie an der Reihe mit Bezahlen.

Am nächsten Morgen rief sie Anita an, die ganz aufgekratzt war und sich freute, Maggies Stimme zu hören.

»Hab ich dich in einem ungünstigen Augenblick erwischt?« fragte Maggie.

»Ja, hast du«, sagte Anita. »Ich bin gerade beim Geschirrspülen, du hast mich also mit deinem Anruf von der Arbeit erlöst. Wann kommst du denn zurück? Hör zu, ich muß dir was erzählen, Maggie, Liebes. Du mußt unbedingt den neuen Chef des Instituts für Englische Literatur kennenlernen. Er ist ziemlich groß, im Vergleich zu, na ja, jedenfalls für einen Literaturprofessor ist er ziemlich groß. Etwa einszweiundsiebzig. Er trägt diese Schuhe mit Absatz, es ist also schwer zu sagen. Und er hat braune Augen und graumeliertes Haar und leichte Geheimratsecken, aber das Grau steht ihm gut, es gibt ihm etwas Würdevolles.«

»Anita, du hast noch nie ein großes Talent besessen, den Cupido zu spielen«, sagte Maggie. »Weißt du noch, wie du Marcie Blankenship mit Tony Simpson verkuppelt hast? Die beiden hätten sich beinahe gegenseitig den Hals umgedreht, als sie zum erstenmal zusammen ausgegangen sind.« Sie hörte Anita am anderen Ende der Leitung mit Töpfen und Pfannen klappern. Sie stellte sich vor, wie Anita dort hantierte, die Hände im Spülwasser, in ihrer von der Herbstsonne durchfluteten Küche in Kansas City, nur sieben Blocks entfernt von der Beauchemin Street. Anita war eine treue Freundin.

»Wer sagt denn, daß ein Streit beim Abendessen kein guter Anfang für eine Beziehung sein kann?« fragte Anita schelmisch.

»Ich fürchte, sie haben sich mehr als Essensreste an den Kopf geworfen«, sagte Maggie. »Sind sie nicht sogar mit dem Besteck aufeinander losgegangen?« Anita ignorierte diese letzte Bemerkung. Das metallische Klappern von Pfannen, die in den Schrank gestapelt wurden, war inzwischen vom anderen Ende der Leitung zu hören.

»Jedenfalls«, fuhr Anita fort, »ist Henry geschieden. Glücklicherweise lebt seine Ex-Frau in einem anderen Staat. Na ja, eigentlich wohnt sie in Kansas, kurz hinter der Staatsgrenze zu Missouri, aber sie kommt nur am Wochenende nach Kansas City. Ich hab Henry von dir erzählt, Maggie, und er ist durchaus interessiert. Und weißt du was, ich bin sicher, daß er, wenn er mal ein paar Tage oder ein paar Wochen nicht im Institut sein müßte, einen ordentlichen Sinn für Humor entwickeln würde.«

Maggie lächelte. »Mal sehen, ob ich dich richtig verstanden hab, Anita«, sagte sie. »Du willst mich also mit einem kleinen, humorlosen, nahezu glatzköpfigen Mann verkuppeln, der seine Wochenenden mit seiner Ex-Frau verbringt und Schuhe mit Plateausohlen trägt?« Schweigen am anderen Ende der Leitung.

»Ich hab ja nicht behauptet, er sei Robert Redford«, sagte Anita schließlich. »Ruf mich an, wenn du da bist.«

Maggie legte den Hörer auf und holte sich an einer Imbißbude neben dem Motel einen Becher Kaffee. Dann setzte sie sich in ihr Auto, schnallte sich an und fuhr los in Richtung Highway 401, um ihre *Hedschra* fortzusetzen. Ihr kleiner Wagen war so grün wie der Sommer, ganz anders als das flammende Rot der Ahornbäume in Little Bear Lake. Sie fädelte sich in den fließenden Verkehr ein, als sei er der Strom des Lebens, trat nur ein paarmal kurz auf die Bremse, bis der Strom der Autos voller Fremder sie aufgenommen, sie verschluckt hatte. Sie verschwand, gab sich ganz ihrem Schicksal hin. Und während sie fuhr, dachte sie an Eliot. Was würde er tun? Was würde aus ihm werden? Würde das Leben ihn so gut behandeln, wie er es verdiente? Sie dachte an Eliot, während Little Bear Lake sich hinter ihr immer weiter entfernte, als wenn es sich in einen Traum auflöste. Sie stellte sich vor, wie die Eistaucher ihren Ruf ertönen ließen, während die Sonne über dem See unterging. Sie malte sich das Bild in Gedanken aus. Zumindest eine Zeitlang würde Eliot auf dem kleinen Steg stehen und nach einem Licht Ausschau halten, das nicht leuchten würde, nicht leuchten *konnte.* Er würde immer wieder dort stehen, bis ein neuer Tentakel des Lebens nach ihm greifen und ihn fortreißen, ihn in einen anderen Traum versetzen würde, den er leben konnte, zusammen mit einer jungen Frau, die ihm Kinder schenken und in den einsamen Nächten, die unweigerlich kommen würden, für ihn dasein würde. Sie kamen für jeden, hin und wieder. Und Eliot würde lernen, sein Leben zu lieben, das Leben mit seiner Frau und seinen Kindern, und wenn irgendwann der Tag kam, an dem er es verlassen mußte, würde er darum trauern. Aber er würde Kinder hinterlassen, die Resultate der Entscheidungen, die er in seinem Leben getroffen hatte. Und so würde der Traum weiterleben, das wußte Maggie, würde sich selbst forttragen auf jenen Schwingen, die sich über das zarte grüne Licht erheben können, das über dem blauen Wasser leuchtet, das Licht, das Jay Gatsby so vertraut war. Eliot würde *überleben.*

Kurz vor der Grenze fuhr Maggie auf der kanadischen Seite auf einen Rastplatz. Sie blieb in ihrem Wagen sitzen und starrte auf die Bäume, deren herbstliches Laub überall um sie herum leuchtete. Wenn sie ehrlich war, wurde sie das Gefühl nicht los, daß diese Rückreise ein Fehler war. Auf der Fahrt nach Little Bear Lake hatte sie sich ganz anders gefühlt. Als sie das letzte Mal aus Little Bear Lake abgereist war, damals, 1969, wußte sie nicht, daß sie Robert Flaubert nie wiedersehen würde. Vor ihr hatte der Tod ihres Bruders gelegen, dann ihre Ehe und ihre beiden Töchter und der Tod ihrer Mutter und ihre Doktorarbeit. Wenn sie diesmal fortfuhr, würde sie wahrscheinlich nie wieder zurückkehren. Sie hatte sich alle Mühe gegeben, nicht darüber nachzudenken, daß sie Eliot verlieren würde. Hatte versucht, nicht an die Worte zu denken, die sie in der vergangenen Nacht gesagt hatte, in ihrem kleinen Motelzimmer, als sie verschwitzt wie aus einem Alptraum erwacht war und geflüstert hatte: »Ich liebe dich, Eliot. Ich liebe dich.« Sie hätte es ihm sagen müssen, hätte ihm die Wahrheit sagen müssen.

Während die Autos an ihr vorbeirasten, mit Fahrern, die sich anscheinend ihrer Zukunft sicher waren und sie möglichst schnell hinter sich bringen wollten, fiel ihr plötzlich etwas ein, das Joe ihr gesagt hatte an dem Tag, als er vor einem Jahr in ihrem kleinen Wohnzimmer gestanden hatte. Er hatte versucht, ihr zu erklären, warum er nicht bei ihr bleiben und ihre Ehe aufrechterhalten konnte. Für Maggie waren es damals nichts als leere Phrasen gewesen, die auf sie niederprasselten, während sie mit ihrem Glas Sherry in der Hand dagesessen und die Erstausgaben in ihrem Bücherschrank angestarrt hatte. Aber jetzt erinnerte sie sich an die Worte, und jetzt schienen sie eine Bedeutung zu haben: jetzt schienen sie wie bestellt. »Ich habe das Gefühl, als ob das alles mich einfach mitreißt«, hatte Joe gesagt. »Es ist, als säße ich in einem rasenden Auto, das keine Bremse hat. Alles, was ich tun kann, ist, den Wagen so gut zu steuern, wie ich kann. Und ich weiß, daß ich nicht wenden kann, Maggie. Ich weiß, daß ich, wenn ich einmal unterwegs bin, nicht mehr umkehren kann. Vor mir liegt eine lange, gerade Straße, und ich bin bereit, alle Konsequenzen auf mich zu nehmen.« Und das hatte er getan. Tja, gut für Joe McIntyre. Maggie öffnete ihre Handtasche und nahm den Brief heraus, den Eliot ihr am Tag zuvor gegeben hatte. Während die Autos unablässig an ihr vorbeirasten und der Wind ihren Wagen leicht schaukelte, öffnete sie den Umschlag. Sie hatte erwartet, einen Brief von Eliot darin zu finden, doch zu ihrer Überraschung enthielt er einen ganz anderen Brief. Er war datiert vom 3. Oktober 1969. *Lieber Rob*, las sie. *Letzte Woche wurde mein Bruder Dougie irgendwo im Mekongdelta getötet. Er starb in einem Krieg, den wir nicht führen dürften, in einem Krieg, mit dem er nichts zu tun haben wollte. Aber Dougie ist tot, und das ändert auch mein eigenes Leben. Ich kann die Welt nicht mehr mit denselben Augen betrachten wie bisher. Ich wünschte, ich könnte Dir das alles von Angesicht zu Angesicht erzählen, damit Du es besser verstehst. Manche Leben sind kürzer als andere, aber das Leben, was uns gegeben ist, müssen wir ganz leben. Dies ist*

Dougie verwehrt geblieben, aber das ist auch sein Vermächtnis an mich. Wir haben drei wunderbare Sommer miteinander verbracht, aber ich bin zu jung, um mich auf einen Lebensweg festzulegen. Vielleicht werden wir beide uns irgendwann in der Zukunft wiedersehen. Ich wünsche mir, daß Du mich bis dahin in liebevoller Erinnerung behältst, so wie ich Dich. Ich glaube inzwischen, daß Liebe wie der absolute Nullpunkt ist. Beides gibt es nur theoretisch. Aber ich hoffe, daß Du Liebe finden wirst, Rob. Und wenn der Tag jemals kommt, an dem ich sie auch finde, dann werde ich sie festhalten, so wie Dougie es sich für mich wünschen würde. Das Leben ist zu kurz und zu kostbar, um es anders zu machen. Und, wie Du weißt, die Zeit vergeht wie im Flug. Paß auf Dich auf. Alles Liebe, Maggie.

Mehrere Minuten lang, die ihr vorkamen wie Stunden, saß Maggie neben dem Highway in ihrem sanft schaukelnden Auto, den Brief in der Hand. Wie konnte die Zeit ihr solche Streiche spielen? Wie hatte sie all die Jahre glauben können, sie hätte Robert Flaubert verlassen, *nachdem* sie Joe kennengelernt hatte? Wie hatten ihre Schuldgefühle die Tatsachen durcheinandergebracht? Woher kam die Erinnerung an einen kurzen, knappen Abschiedsbrief: *Tschüs, mach's gut. Hasta la Vista, Kumpel, es war schön.* Sie hatte die Vorstellung von einer Zukunft mit Robbie bereits aufgegeben, bevor sie Joe McIntyre begegnet war! Aber zwischen Windeln waschen und Arbeiten korrigieren und Reifenpannen und Basketballspielen und Zahnarztbesuchen hatte sie irgendwann angefangen, ihre erste große Liebe mehr und mehr zu romantisieren. Oben in der Hitze und im Staub des Dachbodens, wo sie Robbies Briefe aufbewahrt hatte, war die Wirklichkeit über die Jahre aufgedunsen und gewachsen wie ein riesiger Pilz. Ihre Beziehung mit Robert Flaubert war ein Fall von erster großer Liebe gewesen, mehr nicht. Claire hatte recht. Und Claire war eine unparteiische Beobachterin. Claire wußte, wovon sie redete. Doch schlimmer noch, wie hatte Maggie vergessen können, was Dougies Tod sie gelehrt hatte: *Wir müssen das Leben ganz leben. Und wenn der Tag jemals kommt, an dem ich die Liebe auch finde, dann werde ich sie festhalten, so wie Dougie es sich für mich wünschen würde. Absoluter Nullpunkt. Die Zeit vergeht wie im Flug.* Wahrheiten, die Eliot aus ihrem Brief zitiert hatte.

Maggie schaute auf die schnurgerade Straße hinaus, die vor ihr lag, die Straße, die sie nach Niagara Falls bringen würde und dann zurück ins Herz Amerikas. Sie legte einen Gang ein und fuhr auf den Highway.

»Wenn ich mich einmal auf den Weg mache«, sagte Maggie laut, »kann ich nicht mehr umkehren.«

DIE HEIMREISE:
DER EPILOG

Heim: Ort, wo man sich niederläßt, Lager ...

(aus Maggies altem College-Lexikon)

Epilog: Schlußrede am Ende eines Dramas ...

(aus Maggies altem College-Lexikon)

Das Mark in unseren Knochen ist zum Teil das unserer Vorfahren, und diese Knochen sind mit Haut bekleidet, deren Zellen teilweise von ihnen stammen. Manchmal, ob es gerecht ist oder nicht, tragen wir die Ängste unserer Ahnen in uns, ihre Unzulänglichkeiten, ihre Hoffnungen, ihre Erfolge. Irgend etwas aus ihrer alten, neuenglischen Erziehung hatte Maggie Patterson eingeholt, hatte sie gepackt und versucht, sie zu ersticken. Jedenfalls kam es ihr jetzt so vor. Aber diesmal würde sie es nicht zulassen. Diesmal würde sie sich losreißen. Sie würde sich aus der Asche ihrer gescheiterten Ehe erheben wie der alte griechische Phönix. Sie würde in den Himmel aufsteigen wie die Monarchfalter, auf den Schwingen ihres neuen Lebens, würde es wagen, so weit zu fliegen, würde wagen, es zu versuchen.

Die Fahrt zurück nach Little Bear Lake dauerte fünf Stunden. Während die weißen Streifen an ihr vorbeihuschten, hatte Maggie das Gefühl, von einer unsichtbaren Kraft zurückgezogen zu werden. Sie hatte Claire bereits angerufen.

»Warte noch, bevor du ›Chefin‹ auf deinen Stuhl schreibst«, hatte Maggie ihr gesagt. »Deine Partnerin ist auf dem Weg zurück.«

»Soll das heißen, daß ich mir für den Rest meines Lebens *›Some Enchanted Evening‹* anhören muß?« fragte Claire. »Wer zum Teufel ist übrigens Ezio Pinza?«

Wenn die Vergangenheit existiert, dann kann man sie nicht verändern. Nur die Zukunft ist formbar. Nur die Zukunft kann man in die Hand nehmen, kann sie formen und so vollkommen oder unvollkommen gestalten, wie es einem als fehlbarer Mensch möglich ist. *Die Liebe ist wie der absolute Nullpunkt,* hatte Eliot sie zitiert. *Beides existiert nur theoretisch.* Tja, vielleicht hatte Maggie das irgendwann einmal gesagt, aber heute glaubte sie es nicht mehr. *Wissenschaftler haben schon ein Millionstel Grad über dem absoluten Nullpunkt gemessen,* würde sie Eliot wieder sagen. *Nah dran zählt nicht nur beim Hufeisenwerfen. Es zählt auch in der Liebe.*

Es war früher Nachmittag, als sie das Schild mit

der Aufschrift *Willkommen in Little Bear Lake* entdeckte und spürte, daß es stimmte. Sie fühlte sich hier *willkommen*. Sie fuhr am Friedhof vorbei, dann an dem großen Schild *HARVEST MOON: COCKTAILS & TANZ*. Doch sie bog an der kleinen Steinmauer nicht in die Einfahrt ein, sie fuhr weiter bis an die Stelle, wo die Birken wuchsen, die das Moos auf dem Waldboden beschützten, und wo der kleine Steg in den See hinausragte. Keine Spur von Eliot. Sie spürte, wie sie in Panik geriet. Was, wenn er fort war? Was, wenn er sie nicht mehr wollte? Konnte die Zeit schon um sein, so schnell?

Die Straße am See entlang leuchtete rot und gelb und orangefarben. Der Herbst hatte sich wie ein Lauffeuer ausgebreitet. Es schien, als hätte die Landschaft sich nach ersten Andeutungen – durch die herrlichen Farbkleckse auf den Hängen – über Nacht völlig gewandelt. Der Herbst war in Little Bear Lake eingezogen. Die Eichhörnchen schienen es mit einemmal eilig zu haben, ihre Vorräte zu sammeln, die Vögel schienen unruhiger in den Baumwipfeln und auf dem Waldboden herumzuhüpfen. Es war die Vorahnung auf den Winter, die die Eile und Unruhe auslöste. *Es wird Winter!* Maggie würde eine Menge Brennholz bestellen und hacken und für den Winter bereitlegen müssen, Brennholz, um den Kamin im HARVEST MOON zu befeuern. Sie erinnerte sich daran, wie das Feuer in früheren Jahren geknackt und geknistert hatte, wenn das Wetter plötzlich umgeschlagen und es kalt geworden war. Jetzt würde sie es den ganzen Winter lang hören. Und sie würde Eliots Rat brauchen, wenn sie den alten Tanzsaal winterfest machen wollte, würde die alten Fenster durch neue ersetzen lassen müssen, um die Kälte draußen zu halten.

Zuerst sah sie seinen Pick-up vor dem Haus, das Robert Flaubert gebaut und in dem er seine Familie gegründet hatte. Es war ein robustes Haus, aus Holz so dunkel wie Baumrinde, so daß es mit der Natur verschmolz, und es war von lauter Birken umgeben. Eine breite Veranda zog sich um drei Seiten, eine Veranda, von der aus man die Forellen im See springen sehen, die Falken in der Luft beobachten, die Sonne untergehen sehen konnte, von wo aus man in den Vollmond schauen konnte, wenn er wie eine große, goldene Münze am Nachthimmel leuchtete. Maggie stieg aus ihrem Wagen und schloß leise die Fahrertür. Hinter ihr, irgendwo in den Bergen, die sich wie ein Rückgrat hinter Little Bear Lake erhoben, war der Schrei eines Raben zu hören wie ein fernes Echo. Sie folgte dem Pfad, der um das Haus herumlief. Ihre Füße schienen den Weg schon zu kennen, den Pfad, der zum See hinunterführte. Dort, am Ufer, stand Eliot und schaute zur anderen Seite hinüber, vielleicht zum HARVEST MOON. Er stand aufrecht im Sonnenlicht, das ihn wärmte, das ihn golden anstrahlte. So wie der Mond Robert Flaubert silbern hatte schimmern lassen.

»Eliot«, sagte Maggie, und in dem Augenblick, als

sie seinen Namen aussprach, wußte sie, daß sie zu Hause war. Das Wort erhob sich, befreite sich von der Erde und schwebte über dem Übel, dem Elend und den Torheiten der Menschheit. Und auch Maggie fühlte sich befreit, frei zu leben, frei zu lieben, frei, sich in einer kleinen Stadt am Ufer eines schönen Sees in ihrer eigenen kleinen Nische niederzulassen. *Nah dran zählt nicht nur beim Hufeisenwerfen.*

»Eliot«, sagte sie noch einmal etwas lauter. Diesmal hörte er sie. Und dann drehte er sich zu ihr um, nicht im Zauber des silbernen Mondlichts, wo alles wunderbarer scheint als in Wirklichkeit, sondern mit dem Licht der Herbstsonne im Haar drehte er sich zu ihr um. *Und der Jäger ist heimgekehrt aus den Wäldern.* Und dann rannte sie los, und die weißen Birken verschwammen vor ihren Augen, und selbst das Wasser des Sees schien aufzuwallen, um ihr entgegenzufließen.

DANKSAGUNG

Für Tom Viorikic, der mich dazu überredet hat, »ein anderes Buch« zu schreiben, und der die Graureiher und die kanadischen Seen so sehr liebt wie ich.

Für die HARVEST MOON GANG, in Erinnerung an unsere feierliche Zusammenkunft am Ufer des Katchewanookalake, dem kleinen kanadischen See, wo mir zum erstenmal die Idee für dieses Buch gekommen ist: Tom Viorikic, Snezana & Dusko Knezevic, Lizzie & Danny Perovic, Peter & Julie Pellegris; Eliza Clark (und Michael & Arden), und Sue, Jennifer & Rick Browning (deren Blockhütten eine echte Zufluchtsstätte sind); für die Eistaucher, Eichhörnchen, Chipmunks, Biber und Waschbären. Und natürlich für die Graureiher, die wahrscheinlich immer noch dort sind und im Frühnebel vom Dock aus fischen.

Für die DOUBLEDAY GANG: Arlene Friedman, Pat Mulcahy, Denell Downum, Kathy Hale, Amy King, Lawrence Krauser, Carol Lazare, Robin Swados und Paula Breen – für ihre harte Arbeit.

Für meine Mutter und meinen Vater, wie immer.

Und in Erinnerung an meine kanadischen Vorfahren mütterlicher- und väterlicherseits.

Und in Erinnerung an Augusta McKinnon.

Und vielen Dank, Neil Young, für einen so wunderbaren Song wie *»Harvest Moon«*.